# 孩子，你要懂点儿人际交往

余襄子 著　霍英楠 绘

北方妇女儿童出版社
·长春·

图书在版编目（CIP）数据

孩子，你要懂点儿人际交往 / 余襄子著；霍英楠绘.

长春：北方妇女儿童出版社, 2024. 5. -- ISBN 978-7

-5585-8605-7

Ⅰ. C912.11-49

中国国家版本馆CIP数据核字第2024KX2298号

## 孩子，你要懂点儿人际交往
HAIZI，NI YAO DONGDIANER RENJI JIAOWANG

| | | |
|---|---|---|
| 出 版 人 | 师晓晖 | |
| 特约编辑 | 刘慧滢 | |
| 责任编辑 | 李绍伟 | |
| 装帧设计 | 韩海静 | |
| 开　　本 | 710mm×1000mm　　1/16 | |
| 印　　张 | 10 | |
| 字　　数 | 94千字 | |
| 版　　次 | 2024年5月第1版 | |
| 印　　次 | 2024年5月第1次印刷 | |
| 印　　刷 | 三河市南阳印刷有限公司 | |
| 出　　版 | 北方妇女儿童出版社 | |
| 发　　行 | 北方妇女儿童出版社 | |
| 地　　址 | 长春市福祉大路5788号 | |
| 电　　话 | 总编办：0431-81629600 | |

定　　价　59.00元

亲爱的小朋友，欢迎打开此书。

在你开始阅读之前，想与你交流几个问题。

你的朋友多吗？

你觉得自己是一个受欢迎的人吗？

你是不是有"被排挤"的烦恼？

……

诸如此类的问题，不胜枚举。这些都是人际交往的问题。

孩子，无论你现在多大年纪、读几年级，都有必要掌握一些社交技巧。人是社交动物，没有办法独立生存，人与人之间需要彼此信赖、互相帮助，因此，提高社交能力，经营好身边的关系，对于你来说是非常重要的事情。

本书针对语言表达、情绪管理、为人处世、格局养成、交际难题五个方面，用36个青少年常见的社交场景，教你提升社会情商、交际能力以及社交礼仪水平，从而维持好积极、健康的人际关系。

希望你读完本书后能举一反三，在今后的生活与学习中，在与周围人的人际交往中收获深厚、真挚、长久的友谊，在朋友圈中成为受人肯定、值得信赖的"孩子王"。

好了，从现在开始，一起开启我们的探索之旅吧！

# 目录

## 第一章
## 提高语商，培养社交沟通能力

## 第二章

## 掌控情绪，成为更受欢迎的人

## 第三章

## 缔造修养，快速拉近人际距离

# 第四章

## 扩大格局，拥有好人缘的秘密

# 第五章

## 培养情商，应对人际交往难题

# 第一章

## 提高语商，培养社交沟通能力

# "您好""请""谢谢"

## ——你经常说礼貌用语吗

**· 事例 ·**

小音是班级的学习委员，学习成绩特别好，同学们都很佩服她，老师们也都很喜欢她。她平时为人热心，同学们有什么不懂的题要问她，她都会耐心解答。

班里的另一位同学小北在四年级时成绩还可以，但是升入五年级后，学习显得有些吃力。为了把自己的成绩提高，他常常找小音解答学习中的疑惑。

一开始，小音积极地给小北解答，但是慢慢地，小北发现小音开始有意躲着他。当他向小音请教时，小音开始找理由推拖，一会儿说她没时间，一会儿说她也不懂。

小北不知道为什么小音的态度突然转变这么大，一旁的同桌告诉他，是他平时说话的方式有问题，导致小音对他开始反感与排斥。比如，他找小音时，每次都不管小音是否有时间，一过来就直截了当地说："这个问题我不懂，你帮我看一下。"

小音帮他解决完问题后，他直接转身就走了，连句"谢谢"也不说。

学会使用礼貌用语，更容易赢得友谊。

您好

请……

谢谢

**成长困惑**

听到同桌这么说，小北有些不理解，他不明白自己说话有哪些不妥的地方，对小音的态度也谈不上恶劣，在请小音讲题之前，他也是确定了是对方一个人坐在椅子上，并且手上也没有忙别的事。可是，现在出现了这样的情况，小北不知道，再遇到小音，自己要怎么说才算是对的呢？

# 你该这样做

和人说话，要学会使用礼貌用语，尤其是在找别人帮忙的时候。

中国素来有"礼仪之邦"之称，《论语》中说："不学礼，无以立。"意思是说如果我们不学习礼仪，不懂礼貌，那么我们今后在这个社会上就难以有立足之地。

小北在学习上遇到问题，找班级里的学习委员小音帮忙解答，这没有什么问题。但若是小北认为小音帮自己是理所当然的，这种看法就是不对的。小北在请教别人之前，应该礼貌地问一句："你现在有空吗？"得到了对方肯定的答复后，小北才可以将自己的问题告诉给对方。并且，在让人帮忙之前，要说一句"请帮我解答一下"，而不是直接将问题抛给对方。

在小音帮小北解答完问题以后，小北也不应该直接掉头就走，而是要说一声"谢谢"。对别人的帮助及时说声"谢谢"，是文明时代的基本礼貌用语，也是人际交往中最基本的礼仪之一。

只有这样，小北以后再遇到同样的困难，需要找小音帮忙时，小音才更愿意去帮他。

除此之外，经常将"您好""请""谢谢"放在嘴边，遇到熟人的时候主动上前问候，打声招呼，也会让别人觉得你是一个懂礼貌的人，你的朋友也会越来越多。

## 你记住了吗

1. 礼貌用语是现代文明社会的基本礼仪。

2. 有事找别人，先问一下对方是否有空。在得到别人的帮助后，要说"谢谢"。

3. 无论是在学校，还是在路上，遇到熟人要主动打招呼，说声"您好"。

## 你学会了吗

一次，你在教室外的走廊走着。突然，一名其他班级的学生急匆匆地跑了过来，撞到了你的身上，不小心摔倒了，还踩了你一脚。你很快反应过来了，这个时候，你该怎么做呢？

A. 将对方扶起，并询问对方是否有事。

B. 怒斥对方：走路为什么不好好走，你没长眼睛吗？

C. 将对方带到老师处，让对方将自己的鞋子擦干净。

正确答案：∀

# 不插嘴、不抢话

## ——会说，也要会听

### ·事例·

　　暑假，小音的父母带着她去了澳大利亚旅游。回来后，小音将自己在澳大利亚的见闻跟同学们分享，同学们也都很好奇，一到下课时间，就围在小音身边，聚精会神地听她讲述旅途中的趣事。

　　可是，每次小音说话的时候，彭彭总是忍不住插嘴。小音说："我在澳大利亚看到了袋鼠……"彭彭就得意扬扬地接口说："我知道，袋鼠是澳大利亚独有的动物。"

　　接着，小音又说："我们这里是夏天，澳大利亚是冬天……"彭彭又插嘴说："我们是北半球，澳大利亚是南半球……"彭彭不停地插话，一开始，大家还会听他说，小音也会给他时间，等他说完。

　　渐渐地，彭彭发现大家都不理他了，一旦他要开口说话，同学们都默默地转身离开了，还有人干脆让彭彭闭嘴，说："你别说话，我们听小音说。"

　　此后有什么活动，同学们都瞒着彭彭，不带他一起玩了。

打断别人说话，是一种无礼的行为。

我昨天……

我知道……

NO!

## 成长困惑

　　彭彭不知道大家为什么不喜欢他，他认为自己说得没有错，他是在给小音补充说明。他不理解，大家坐在一起聊天，而且明明他说的是对的，可是为什么大家都讨厌他呢？

　　那么，如果是你，你会怎么做？

## 你该这么做

随意打断别人的话是没有礼貌的行为，显得不尊重别人。

小音从澳大利亚旅游回来后，跟大家分享自己的旅游经历，同学们也都非常感兴趣，纷纷围过来听她讲。大家的兴趣都集中在了小音身上，然而，彭彭总是打断小音的话，就分散了大家的注意力。在他看来，他是在为小音作补充，但是，在大家看来，这无疑是在显摆自己。大家的热情也就像被浇了一盆冷水。因为在那个场合，小音才是主角，彭彭只是听众。

彭彭或许在同龄人中是一个知识渊博的人，如果在平时，他给大家讲述一些自己学到的知识，大家会很欢迎。但是在上面的场合中，彭彭的这种行为明显是错了。

这个时候，彭彭应该去找小音道歉，并改正随意打断别人说话的坏习惯。

以后，彭彭可以等别人说完话后再开口。耐心地倾听别人讲话，也是一种礼貌。

人有两只眼睛、两个耳朵和一张嘴，所以要学会多看、多听和少说。

## 你记住了吗

1. 要耐心听别人讲话。

2. 打断别人说话是一种不礼貌的行为。

3. 多看、多听、少说。

# 你学会了吗

一次生日聚会上，你和几个同学围在一起吃蛋糕。吃完了蛋糕，大家开始聊天，因为一个同学提到了地球，于是另一个同学便讲起了太阳系的八大行星，不过他在讲述的时候讲错了一点。实际上，太阳系中八大行星的顺序是水星—金星—地球—火星—木星—土星—天王星—海王星，但是那位同学将土星与木星的顺序搞反了。而你正好知道这一点，这个时候应该怎么做呢？

A. 打断那位同学的话，并告诉大家正确的顺序。

B. 等聚会结束后，私下里找那位同学，并友善地提醒他，让他下次在大家面前纠正自己的错误。

C. 当作什么事都没有发生。

正确答案：B

# 及时回应

## ——一个人有修养的表现

### · 事例 ·

蓉蓉的妈妈将自己之前用过的手机给蓉蓉用了，蓉蓉用妈妈的信息注册了微信，并添加了班级里的其他同学为好友，平时回到家也能和小伙伴们说说话，看看他们发的动态。

一个周六，蓉蓉的身体有些不舒服，下午在家里睡觉。晚上吃饭的时候，她起床了，感觉身体好多了。吃完饭，她打开手机，看到好朋友中午给她发了一连串的消息。原来，她早上出门，看到了一条很可爱的小狗，于是拍下来发给蓉蓉看。

蓉蓉看了一眼时间，已经是晚上7点了，她想着自己已经知道好友的想法了，而且过了这么久，也没有必要再回复。于是，她看完消息后，就收起了手机。

星期一到了学校，蓉蓉看到了好朋友，上前跟她打招呼，结果令蓉蓉没想到的是，对方的态度很冷漠，只回复了一个字："哦"。

再后来，蓉蓉发现自己和好朋友之间的关系疏远了，她也不知道怎么回事。有一次，她在放学的时候，偷偷找到了好朋友，问她为什么不理自己。

　　没想到对方却说："上次我发你信息，你干吗不回我？"

　　蓉蓉仔细回想了一下，才明白好朋友说的是哪件事。不就是没有及时回复她吗？何况自己又不是故意不回。蓉蓉实在想不明白，好朋友为什么因为这件小事跟她生气。

及时回应对方，才会让对方感觉到被尊重。

上午8点

下午7点

蓉蓉，看这只小狗可爱吗？

今天早上出门看到的~

蓉蓉，看这只小狗可爱吗？

哎，算了，不回了。

啊，我早上去了外婆家，我现在……

## 成长困惑

蓉蓉觉得，朋友之间不应该因为一点小事就疏远。有的时候，我们看到手机里的消息，距离发送的时间已经过去了好几个小时，于是就觉得事情都过去了，就没必要再回复了。因为感觉大家都是同学，每周一到周五都能见面，有什么事可以当面说。

## 你该这么做

对于别人的消息，要及时回复。因为别人发消息给我们，是希望得到我们的回复，他们内心会有期待，而我们若是视而不见，会让他们的期待落空，这并不是一件好事。如果没有及时回应，在看到消息的时候也要回复并说明情况，这不仅是礼貌，更是对朋友的尊重。

及时回复对方，说明我们看重对方，对方的心里也能感受到，这对于维系友谊至关重要。总之，无论别人发消息给你已经过去了多久，都要记得回复。

再者，朋友之间需要互动，需要交流。因此，蓉蓉的看法显然是不对的。就算是再好的关系，也会因为一次又一次的期待落空而走向终结。

蓉蓉应该向好朋友道个歉，说明自己当时不能及时回复消息的理由，并表示自己很看重与她之间的友情，希望她不要把这次失礼放在心上。

如果下次再遇到了同样的情况，蓉蓉可以跟对方说，之前自己有事，没有看到，现在看到了，马上就回复她了。

## 你记住了吗

1. 朋友之间的关系需要维护，平时需要多互动、多交流与多沟通。

2. 要及时回复对方的消息，因为对方会期待你的回复。

3. 如果不能及时回复，就要说明情况。

## 你学会了吗

朋友邀请你这周末去他家玩，你不知道自己有没有空，于是准备回家问问爸妈，因为爸妈曾说这周末可能会带你出去玩。结果一问，爸妈说这次就不去了，他们自己都有事，这个时候，你该怎么做呢？

A. 第二天告诉同学，这周末有空，可以去。

B. 等着朋友再来问你。

C. 哀求爸妈一定要带你出去玩。

正确答案：∀

# 赞美的力量

## ——帮助你赢得友谊

· 事例 ·

小美平时是一个不怎么爱说话的孩子，她有些内向，在学校里虽然有几个朋友，但总感觉自己在朋友眼里，不是很重要。

小美看到那些在朋友中受欢迎的孩子，有些失落，她不知道自己该怎么和朋友们加深友谊。

有一次，朋友洛洛买了一套新衣服，走到她面前，说："看，这是我爸妈周末带我去买的衣服，好不好看？"

小美只是轻轻地点了点头，说："嗯。"

朋友似乎有些失望，转而和别的朋友聊天去了。

同桌在期中考试中取得了很大的进步，小美看着他乐呵呵的样子，也只是跟着他一起笑。

小美爸爸最近获得了一笔奖金，全家都很高兴。小美心里想说些什么，但却不知道怎么说。看着爸爸高兴的样子，她也由衷地感到高兴。随后，妈妈买了好多菜，烧了一桌子的美食，小美好久没吃到这样的大餐了。

晚上睡觉的时候，小美心想，她其实可以表达出自己的祝福，让爸爸妈妈更开心一点，可是却不知道要怎么说。

赞美为我们赢得友谊。

嗯。

哇！这也太好看了吧。

**成长困惑**

你是否也经历过小美这样的处境？你会怎么做呢？

## 你该这么做

我们要学会赞美别人。因为每个人都希望得到赞美。

赞美不是拍马屁，也不是胡乱夸奖，而是发自内心地向对方表达我们自己的想法。

赞美也是有方法的，每个人都有自己独特的一面，我们要善于发现别人的优点。朋友买了一件新衣服，同桌考试成绩好，都是我们可以赞美的点，我们可以说"你这衣服真好看"，或者"你好棒，竟然取得了这么大的进步"。

总之，赞美不是说一些漂亮话，而是由衷地表达自己的欣赏与喜爱。

对于父母亦是如此，赞美父母也是我们表达感恩的一种方法。父母也很希望听到我们对他们的赞美，正如我们希望听到父母的赞美一样。

通过赞美，我们可以赢得朋友们的喜爱，也能赢得他们的信赖。赞美就像是人际关系中的润滑剂，会不断滋养彼此之间的友谊。

一个经常赞美他人的人，也会更受欢迎，别人也会觉得，与懂得欣赏的人做朋友，自己很有价值。

# 你记住了吗

1. 每个人都想听到别人对自己的赞美。

2. 赞美不是拍马屁，也不是胡乱地夸奖，而是表达发自内心的欣赏。

3. 赞美让我们赢得更多的友谊与更深的信赖。

# 你学会了吗

周末，你的同学去了一趟迪士尼，买了一套新衣服，你和她见面的时候，发现她的衣服很漂亮。这个时候，你该怎么做呢？

A. 回去让爸爸妈妈也带自己去迪士尼，也买一套。

B. 问对方能不能把衣服送给你。

C. 赞美对方这套衣服真漂亮。

正确答案：C

17

# 有效传达信息

## ——把话说明白，把事情讲清楚

## ●事例●

　　小北去老师办公室交作业，刚要离开的时候，旁边的一位老师叫住了小北，问："你可以帮我一个忙吗？"

　　小北急忙点头答应，老师让他去三班叫班长小任到办公室来。

　　小北来到了三班门口，找到了小任。小任看着这个隔壁班的同学，一脸疑惑，问："怎么了？"

　　小北丢下一句"老师找你"，就跑开了。

　　第二天，小北又碰到了那位老师，老师说："昨天让你叫小任过来，他怎么没过来呀？你不是答应我了吗？"

　　小北摸了摸头，说："我说了呀，我叫他过去了。"

　　"那我怎么没见到他呀？我等了好久。"

　　小北摊开双手，说："那我就不知道了，反正我跟他说过了。"

　　老师继续确认，小北再次解释说："我跟他的确是说过了，当时很多同学都在，都能做证。"

把每次沟通都看作一次锻炼的机会。

语言是用来传达精准信息的。

## 成长困惑

小北也很疑惑，明明自己向小任转达了老师找他的信息，为什么小任没有去老师的办公室呢？是小任在对自己撒谎，还是自己的表达出现问题了？

如果你是小北，遇到了同样的情况，你会怎么向别人传达信息呢？

## 你该这么做

传达信息是语言的一个重要功能，因此，确保信息的准确性和完整性就显得尤为关键。

小北直接丢下一句"老师找你"，显然是不妥的，因为这句话里的信息非常少。它所传达出来的信息只是一句空话，小任听了后也会一脸茫然——哪个老师？找我做什么？是现在让我去老师那儿吗？哪个办公室？

因此，小北的正确做法是告诉小任以上的这些具体信息。这样，信息才能有效传达，听者也不会糊涂，会立马明白自己要做什么，而不是听完之后感到更加困惑。

再者，小北在丢下话之后就转身走了，也是不妥的。因为小任可能还要问一些其他信息，这个时候就需要知情者小北来回答。如果小北当时没有离开，那么小任肯定会继续问，消息传递的效率虽然会降低，但依然可以传达准确的信息。

谁能够更有效地传达信息，谁就能更受大家的喜欢。

小北应该意识到这个问题了，以后再遇到同样的情况时，就不会犯错了。

简单来讲，要传达一个有效信息，我们就要告诉对方，要让对方做什么，把他具体需要做的事情的时间、地点、人物、内容完整地告诉他。

## 你记住了吗

1. 语言的一个功能是传达信息，必须传达准确和完整的信息。

2. 传达完信息后，要等待对方的回复，因为对方可能还有疑惑。

3. 传达信息的时候，我们要告诉对方，需要对方做什么。

## 你学会了吗

体育课的时候，一位同学因为身体有些不舒服，想回教室休息一会儿，并让你跟老师说一下。这个时候，你该怎么对老师说呢？

A. "老师，××回教室了。"

B. "老师，××回教室休息了。"

C. "老师，××有点不舒服，回教室休息了，您要不要去看一下。"

正确答案：C

# 克服讲话紧张

## ——如何提高表达能力

### • 事例 •

青书的班级准备举办一场演讲大赛，大家都很兴奋，准备在众人面前一展风采。

青书平时就不怎么说话，遇到这种事，尽管他也很想亲自做一次精彩的演讲，但内心还是觉得自己不行。

他最大的问题是，当众发言的时候很容易紧张，一紧张，他就会忘记自己应该说什么了，嘴巴就像打了结一样，断断续续、磕磕巴巴的。

比如，有一次他的数学考了满分，最后一道题目全班只有他一个人做对了。老师想让他上台讲解一下这道题，同时，也是希望能培养他的表达能力。青书走上讲台，面对黑板，一时之间竟然不知道要说什么。他知道这道题是怎么做的，但到了说的时候，总是讲不出来。

老师在下面不断地鼓励他，这样他才勉强将这道题的思路讲完了。但同学们都感觉有点莫名其妙，因为都没听懂他在说什么。这其中，包括他夹杂了太多的语气词，长篇大段地重复着之前已经说过的话，就很让大家"丈二和尚摸不着头脑"。

提前多练习才能有备无患。

×&% ￥#@……
№↑↓←→√×
@#$^&%!$￥

№↑↓←→√×÷★
@#$^&%!$￥

## 成长困惑

青书内心很害怕，害怕同样的场景再次发生，害怕自己站在讲台上的时候，依然说些让同学们感到困惑的话。他甚至想找老师，申请退赛。

如果你是青书，你会怎么做呢？

## 你该这么做

青书的表现是正常的，任何人在当众演讲的时候，都免不了紧张。

只有我们充分意识到这一点，我们才能让自己紧张的内心逐渐平静下来。

青书可以确定一个主题，动笔写一篇演讲稿，用文字的方式表达出来。比如，他可以在一个人的时候，多多练习。熟能生巧，熟练了他在演讲的时候就不会慌乱。青书也可以在爸爸妈妈面前演讲，因为他对爸爸妈妈会更熟悉，也更有安全感，讲出来的时候才会更得心应手。这也有助于他在正式演讲的时候提升自信心。

在平时，青书也要多创造机会，提高自己的语言表达能力，比如，和朋友们多说说话，多讲讲自己的一些想法。有了这样的锻炼，青书的表达能力就会越来越强。

一个表达能力强的人，在当众发言的时候能更有效地将自己的想法传达给别人。同时，朋友们跟他相处，也会觉得他更有智慧。他也因此会成为朋友们瞩目的对象。

## 你记住了吗

1. 当众演讲的时候，每个人都会紧张。

2. 可以提前准备演讲稿，将想法用文字的方式表达出来。

3. 平时可以在熟人面前多演练，多练习。

## 你学会了吗

期末考试的时候，你考了年级第一，老师告诉你，希望你在家长会的时候分享一下学习经验。此时距离家长会还有一个星期的时间，你该怎么做呢？

A. 随机应变，到时候想到什么讲什么。

B. 回去后先把自己平时学习的习惯和心得写出来，并让爸爸妈妈帮忙修改一下。

C. 跟老师说自己当众说话会紧张，拒绝在家长会上发言。

正确答案：B

# 停止粗言恶语

## ——别让语言成为伤人利器

**· 事例 ·**

有一次，彭彭和朋友小北在外面玩耍，结果，因为一件微不足道的小事——小北把彭彭刚买的巧克力不小心碰落到了地上，二人发生了争吵。

他们互相指责。彭彭责怪小北为什么这么不小心，巧克力掉地上了还怎么吃。

小北也很委屈，明明是自己不小心才碰掉的，为什么彭彭要生如此大的气。再说了，难道巧克力掉地上了，彭彭就没有一点责任吗？要不是他一直挡着自己的路，自己就不会晃动身体，巧克力也就不会掉了。

因为小北回击了几句，彭彭顿时怒火中烧，他想吃这个巧克力很久了，结果却被小北弄掉了，现在还怪自己。

彭彭吼道："你这个笨蛋！走路都不长眼睛的瞎子！"

小北感到很委屈，解释说："我也是不小心的。"

彭彭继续说："我不要和傻子做朋友了，以后我们绝交！"

"绝交就绝交！"小北也生气地说。

恶语伤人六月寒。

@#$^&%!$# § №☆
£ ¤ ℃*&%&@&%

**成长困惑**

回去的路上，彭彭越想越后悔，其实他很在乎这份友情，为了这件小事和小北闹翻了实在不值得，自己更不应该和小北爆粗口。

你觉得彭彭的做法对吗？如果你是彭彭，发生这种事时会怎么做呢？

# 你该这么做

语言有的时候会有杀伤力，而且其威力不亚于肉体上的殴打。比如俗话说"恶语伤人六月寒"，六月本来是炎热的天气，但是恶语就好比一桶冰水浇在头上，让你人在六月天也会彻骨生寒。

人们常说"说出去的话，泼出去的水"，意思就是，话说出去了，就再也收不回了，会成为一个烙印，始终留在对方的心头，会给对方造成持续性的伤害。

彭彭和小北都错了，他们都不应该骂对方，也不应该用恶语回应恶语。二人应该互相理解，巧克力掉地上的确让彭彭很难过，甚至生气。但他没必要用这种言语攻击小北。他可以找爸爸妈妈，让他们再给自己买一块。

这种事有很多种解决办法，而且无论怎样都比恶语伤人要好。我们只要想想，再多的恶语也不会改变什么，也不会让巧克力重新回到二人的手上，就像没掉落之前一样。

因此，我们说话的时候一定要小心，要先经过大脑的思考，衡量一下会给对方带来什么，以及会给自己带来什么。

说恶语会成为习惯，会让说恶语的人损害已经建立的人际关系，从此没有朋友。

恶语伤人，最终伤害的是自己。

## 你记住了吗

1. 语言会有杀伤力，因此说话之前要想清楚。

2. 恶语并不会改变什么，反而会伤害对方，或彼此伤害。

3. 恶语养成了习惯，会让朋友越来越少。

## 你学会了吗

你不小心把一个朋友的卡掉在了水里，卡被损坏了，朋友很生气，开口骂你。这个时候，你该怎么做呢？

A. 回骂对方，骂得要比对方凶。

B. 安慰对方，并让对方不要讲这种伤人的话。

C. 把对方的卡全部扔进水里。

正确答案：B

# 第二章

## 掌控情绪，成为更受欢迎的人

# 不乱发脾气

## ——拥有好人缘的基本条件

### • 事例 •

　　一直以来，彭彭的朋友就不多，而且令他感到奇怪的是，同学们似乎都躲着他走。即使跟他有事情要说，也只是三言两语。

　　曾经也有同学主动和他交朋友，但没过多久就与他疏远了。

　　在一次体育课上，大家自由活动，其他同学三五成群，有的在踢球，有的在跳绳，还有的在嘻嘻哈哈地聊天，只有彭彭一个人孤单地坐在草地上。

　　这时，彭彭的后桌走了过来，他看着彭彭一个人孤零零地坐着，也一屁股坐在了他的旁边。

　　"发生什么事了？怎么一个人坐着？"

　　彭彭撇撇嘴说："大家都不愿意跟我玩。"

　　"可能是你脾气太差了吧！"彭彭的后桌想了想说道。

　　"有吗？我哪有？"彭彭疑惑地问道。

　　"上一次，班级里中午发牛奶，发得比较慢，很久都没发到你，你就发火了，你忘记啦？"

　　"可是我当时好渴呀，他们发了好久都没发到我。"

"还有昨天，你的同桌不小心把水洒到了你的书包上，你就对她大吼大叫，把她都吓哭了，你还记得吗。"

彭彭垂下了头，说话的声音很轻："确实是，我昨天是对她太凶了，可我当时真的很生气。"

人们都不喜欢和脾气暴躁的人交朋友。

怎么还没有发到我？！

## 成长困惑

经过与同学的谈话，彭彭也意识到了自己的这个问题，自己有的时候确实对别人凶了点，可不知为什么，当时自己真的很生气，也不知道怎么才能控制自己。

那些事情发生后，同学们都怕他了。如果你是彭彭，你会怎么做呢？

## 你该这么做

人要学会掌控自己的情绪，但是对于小朋友来讲，要做到这一点太难了。

但这并非毫无办法。

彭彭已经意识到了自己的问题，这已经很了不起了。

彭彭可以试着让自己的心情平复下来。平时养成一些良好的习惯，比如慢跑、拼图等需要有耐心才能完成的活动。

当再次发生同样事情的时候，彭彭要提高自己的控制力，当不好的情绪上来的时候，闭上眼，深呼吸，最好是离开现场，去一个寂静的地方，一个人待一会儿。

行动才是情绪最好的治愈武器。彭彭应该向同学们道个歉，表示之前的确是自己错了，今后会尽力控制自己的情绪，并请求大家的原谅。这样的话，彭彭就会逐渐融入小伙伴之中，也能交到几个朋友，良好的人际关系也可以帮助彭彭控制自己的情绪。

## 你记住了吗

1. 发脾气是损害人际关系的重要原因。

2. 发脾气之前，先闭眼、冷静，或者离开当时的场景，一个人静一会儿。

3. 交几个朋友，良好的人际关系有助于人的心理健康。

## 你学会了吗

妈妈给你买了一双白色的新球鞋，你很喜欢。买来后的第一天你就穿着这双新鞋去了学校。在课间的时候，一名同学跌跌撞撞地不小心踩到了你，将你心爱的白色球鞋踩脏了，这个时候，你该怎么做呢？

A. 让他赔你一双新的。

B. 揍他一顿，让他长点教训。

C. 虽然生气，但也理解对方不是故意的，让他下次多注意点。

正确答案：C

# 丢掉嫉妒

## ——"不眼红"才是真大度

**·事例·**

小龙最近觉得心里有些难受，因为他总觉得同桌样样都比自己好。

同桌每次的测验成绩都比小龙好，而且还是班级里的前几名。他是班长，平时不摆架子，乐于助人，同学们有事找他，他都会尽力帮忙。

同桌的爸爸妈妈总是给他买新文具，还给他买了很多奥特曼卡片，其中有不少稀有卡片。小龙每次看到后都会伤心难过，因为爸爸妈妈从来不给自己买。

有一次，大家一起出去玩，小龙的同桌穿上了新衣服，引来了同学们的一致夸奖，而小龙则穿着一件普通的衣服。相比之下，小龙更是觉得自己哪儿哪儿都不如同桌了。

小龙开始讨厌自己的同桌。上课做练习题的时候，他故意将胳膊撑到同桌的课桌前。有时候，趁人不注意，小龙还会在同桌的凳子上踩上几脚，看到对方一屁股坐了上去，小龙会感觉很愉悦。

嫉妒是一条毒蛇，会不断咬噬我们的心灵。

切，有什么了不起！

## 成长困惑

　　小龙其实很钦佩他的同桌，但看到他的时候，总有种说不上来的滋味。他真希望这个世界上没有他的同桌，有的时候还会内心默默希望他倒霉，比如走路摔一跤，或者考试不及格。

　　如果你是小龙，当你内心升起这种情绪的时候，你会怎么做呢？

## 你该这么做

说白了，小龙内心产生的情绪，就是嫉妒。这种心理的发生，首先源于比较。当我们看到有人比自己好，有人比自己出色的时候，内心或多或少就会产生这样的情绪。嫉妒是咬噬心灵的一条毒蛇，它不能改变什么，也不会帮助你什么，只会让你的心理情绪越来越差，不断折磨你的内心。

其实，每个人都是优秀的，只不过人有的时候很奇怪，往往会将别人身上的特点放大。小龙内心是认可自己的同桌的，也是钦佩他的，只不过总是将对方的优点拿来和自己对比，一般来讲，这是一件好事，可以激励自己不断上进。但若是过了头，就容易产生嫉妒的心理。

小龙应该意识到，那些新衣服和奥特曼卡片，不是生活的必需品，对自己的成长并没有什么助益。如果实在想要，可以试着和父母商量，让他们也能接受自己的一些爱好，为自己买一点奥特曼卡片。同时，小龙也可以将自己的卡片与同桌一起分享，双方互相交换，在分享中增进友谊。

当然，因为嫉妒滋生负面情绪而去踩同桌椅子这种事，是极度不好的行为，小龙以后绝对不能再这么做了。

## 你记住了吗

1. 嫉妒是一条毒蛇，它会损害我们的心灵。

2. 要学会客观看待自己与别人的不同特点，学习别人的优点。

3. 与其嫉妒别人，不如将对方视为自己前进的动力，不断激励自己。

## 你学会了吗

你的表弟放假来你家玩，他总是炫耀自己的新玩具，对于那个玩具，你之前向父母哀求了好几次，父母都没有给你买，因为这学期已经给你买了很多的玩具。遇到这种情况，你该怎么做？

A. 把表弟的玩具抢过来，据为己有。

B. 把表弟的玩具弄坏，让他和自己一样，没有玩具。

C. 和表弟一起玩耍，并尝试着和表弟交换玩具。

正确答案：C

# 停止抱怨

## ——朋友越来越多的秘密

·事例·

童童觉得自己的人生太不幸了，有的时候想想简直糟糕透了，肯定是上辈子投胎投错了。

每次上下学，别人家的孩子都是爸妈开汽车接送，而童童则是妈妈骑着电动车接送。从小到大，他还没坐过一次汽车。时间久了，他的内心就升起了种种不平。

童童的爸妈只是普通的工薪族，而班长的爸妈，一个是高中老师，一个是初中老师。班长的成绩一直名列前茅，而童童的成绩只是处于班级中的中等，偶尔有几次超常发挥，能够考到班级前五名。

一次期中考试开完家长会，童童的爸爸拿着他的成绩单，问童童："你这次数学怎么考这么低，才60几分，比以前差远了。"

童童也不想考这么低，听到爸爸带有责备的话语，他大声喊道："你们为什么不是老师？老师的孩子成绩可好了。"

爸爸见童童生气了，于是只好先把这件事放一放，带着童童回家。

回到家里，妈妈已经做好了饭，童童看了一眼桌子上的饭菜，气得直跺脚，说："每天都吃这些菜，你们吃不腻吗？我要吃鱼！我要吃鱼！"

妈妈为了做这顿饭忙活了好一阵子，此刻见童童这么说，不免也有些生气，说："这孩子，有的吃就不错了，还挑三拣四的。"

童童说："我为什么要投胎到这个家！真是气死我了！"

抱怨会散发负面能量，让我们的生活更加消极。

我为什么不是富二代？！

我本该有更好的人生！

我成绩差都怪老师！

## 成长困惑

童童内心很委屈，总觉得自己如果换了父母，成绩肯定比现在还要好，每天也能坐车上下学。如果你是童童，你觉得这样的想法对吗？

## 你该这么做

童童应该意识到，不是每一个学生放学都有人接送，也不是每一个接送学生的爸妈都有车。将生活中遇到的麻烦或者困难，归咎于环境或者其他人身上，却不会自我反思，很容易成为一个没有责任感的人。

生活中有很多事情并不会一帆风顺，人也无法控制所有的事情。因此，对于某些我们无法控制的事情，我们只能顺其自然。更重要的是，就算我们抱怨，也没有什么用处。

童童也应该意识到，自己的爸妈虽然没有车，也不是老师，但爱他的心，和班长爸妈爱孩子的心是一样的。汽车和电动车所表达出来的爱与关心，并没有实质性区别。

再者，就算现在没有车，并不代表以后也没有车。如果童童只是不停地抱怨、推脱责任，那么就没有精力去做其他事了，也更不可能专心学习，成绩反而会越来越差。

不抱怨的人生，才是灿烂的。

不抱怨的孩子，才能受到大家的欢迎。

## 你记住了吗

1. 有些事情我们无法控制，就不要过分纠结。

2. 抱怨对我们的生活没有帮助，反而会摧毁我们的内心与希望。

3. 不要忽略了父母对自己的爱，汽车与电动车给予的爱，本质上是一样的。

## 你学会了吗

你看到邻居家的父母给孩子买了一辆遥控汽车、一架直升飞机和一个奥特曼模型。你也想要，但父母表示，目前家里能用来买玩具的钱并不多，只能买一个。这个时候，你该怎么做呢？

A.坚持让父母将三个玩具都买齐了，并抱怨自己的父母很无能，不像邻居家有钱。

B.挑选一个自己最喜欢的，并在拿到玩具后感谢父母，拥抱父母，说声"我爱你们"。

C.下次去邻居家玩的时候，把他家的三个玩具偷过来。

正确答案：B

43

# 化解社交焦虑

## ——学会交际，走出阴影

### · 事例 ·

　　小美从小有点孤僻，在学校里总是一言不发，如果没有人叫她，她甚至可以一个人在教室里坐上一整天。除爸妈和老师外，她拒绝和一切人交往。同时，她又很在意别人对她的看法。

　　如果有人盯着她看，她就会慌张、不自在，会猜测是不是自己脸上有脏东西，所以对方在偷偷取笑她。

　　小美每天回家都会把校服脱下来，用水反复洗，生怕上面会有脏东西。一开始，爸妈还以为这是小美爱干净的表现，可时间长了，他们也觉得小美这样是过于敏感了。

　　有一次，她的同桌和她说话，声调稍微高了些，小美就认为自己是哪里做得不够好，所以同桌对自己有看法了。她为此难过了一整天。

　　还有一次，小美跟着爸爸妈妈出门，路上遇到了同学。同学主动跟她打招呼，但小美却表现得很怯懦，只是点了点头。小美的爸妈看见了这一切，感觉小美有"社交焦虑"，但小美对此并不承认，她认为自己只是不太想和别人相处。

社交焦虑，让我们与世间的美好相互隔绝。

## 成长困惑

你是否也有过小美这样的行为呢？感觉和他人相处很吃力，和陌生人或不熟的人在一起的时候会感觉如坐针毡，内心也很慌乱？

## 你该这么做

社交焦虑通常表现为害羞、拘谨、极端内向，对他人的想法太过在意，等等。

社交焦虑会导致很多痛苦，引发所有有关焦虑的常见症状，以及社交焦虑所特有的问题，如回避目光交流、退缩、逃避、羞愧、过于自我，等等。情况严重的时候，他们可能不愿意和家人以外的其他人说话，甚至拒绝上学。

社交技能的缺乏会加重社交焦虑，反过来，社交焦虑也会影响社交技能的提高。一般来说，轻微的社交焦虑是危害不大的，但若是这种情况持续很久，且持续加剧，那就需要引起注意了。

小美的行为明显是符合社交焦虑的，这可能和她的性格有关。她应该尝试着和同学们相处，一步一步地慢慢来。可以从一些小事做起，比如，见面的时候主动说一声"你好"，在学校里，适当让同学们帮自己一个小忙，或者让同学们看看自己今天的衣服上面有没有墨水，或者向其他同学借一块橡皮。

如此尝试，小美会发现，其实与同学们相处并不难，社交焦虑也许就会这么轻松破解掉了。

假如小美继续这样任其发展下去，社交焦虑就极有可能会发展成社交恐惧，即大家习称的"社恐"，这个问题就会变得更加严重，就要采取心理疏导。

# 你记住了吗

1. 社交焦虑是正常的，但若是时间过长，就要引起我们的警惕。

2. 主动和认识的人打招呼，可以让我们在应对社交焦虑的路上向前一步。

3. 社交焦虑如果不注意，可能会引发更严重的社交恐惧。

# 你学会了吗

当你发现你的同桌总是不爱说话，还会刻意回避你的目光，这个时候，你该怎么做呢？

A. 不理她，和其他同学一起玩耍。

B. 主动和她说话，并询问她是否有什么需要帮助的。

C. 一直盯着她看，看看她是不是一直会躲避你的目光。

正确答案：B

# 战胜孤独

## ——不做独来独往的人

### · 事例 ·

茉莉即将升入四年级，爸妈为了让她能上更好的中学，便将她转了学，去了一所更好的小学。

来到新学校后，茉莉对新环境有些不适应，感觉和周围同学格格不入。体育课上，别的同学都不想和茉莉一组，周末了，别的同学也不来找她玩。于是，茉莉感觉自己被孤立了，她太想念之前的小伙伴了，再加上她性格本来就内向，从不主动和新同学交流。

久而久之，茉莉习惯了独来独往，在学校里做什么都自己一个人。她甚至对别的同学产生了敌意。假如有同学和她打招呼，她也是一副爱搭不理的表情。于是，同学们越来越孤立茉莉，有时还会在背后说她的坏话。

最近，茉莉的成绩也在下降，她感觉做什么都提不起精神，内心似乎有一个黑洞在悄无声息地吸走她所有的精力。

感到孤独的时候，要和人建立联系。

周末去哪儿玩？

我能加入你们吗？

## 成长困惑

茉莉来到新环境后，无法快速融入周围的环境，只好独来独往。看见别的同学打成一团，她感觉很孤独，想找个人说说知心话，可周围的同学都对她敬而远之。

你有过感到孤独的经历吗？如果你是茉莉，你会怎么做呢？

## 你该这么做

每个人都会有孤独的时候，尤其是到了陌生的环境，会因为环境的突然转变而感觉不适应。

在我们成长的过程中，需要时时处处和别人交流，这是人的社群属性决定的。古希腊哲学家亚里士多德曾说："离群索居的人，要么是神，要么是野兽。"

我们不是神，但我们也自然不想成为野兽，不是吗？

如果一个人长期独来独往，很容易生出心理疾病。

我们需要意识到，茉莉短暂地处于孤独中问题不大，但若长期这样下去，肯定是不行的。

茉莉可以试着敞开心扉，勇敢一点，和新同学建立人际关系。比如，可以将之前学校发生的事情讲给同学们听，同学们或许会很有兴趣。

只有让别人觉得我们愿意加入他们了，他们才会对我们敞开心扉，并欢迎我们。

如果实在是想念以前学校里的同学，也可以写信或打电话给他们，在信件或电话里分享各自的新生活。

# 你记住了吗

1. 孤独是人的正常情感。

2. 适当的独处是必要的，但不能长期一个人待着，要多出去走走，多交朋友。

3. 如果想朋友了，现在通信与交通都很发达，可以手机联系他们，也可以见面聚会。

# 你学会了吗

你的班级有一个新转来的学生，整天一个人待着，班级里的同学好像也不怎么喜欢他，不愿意和他来往。这个时候，你该怎么做呢？

A. 主动和他搭话，交个朋友，并关心他哪里不适应新环境。

B. 假装这个人不存在，继续和别的同学玩耍。

C. 嘲笑他是不是有什么病，为什么这么孤僻。

正确答案：A

# 传递快乐和阳光

## ——正能量是一种超能力

### · 事例 ·

南南是班级的体育委员，曾多次参加学校里的运动会，并给班级带来了不少的荣誉。他经常嘻嘻哈哈，看上去一副没心没肺的样子。不过，他心很细，乐于助人，同学们都很喜欢他，时常围在他身旁，听他讲故事。

如果有同学遇到了不顺心的事，只要找南南聊上几句，瞬间就会心情大好。南南的几个很要好的朋友看上去也都很快乐的样子，似乎在他们的世界中，并不存在什么伤心与难过，有的只是开心与快乐。南南的成绩虽然不是班级里最出色的，但老师们都很喜欢他，有的时候还会带一些零食给他吃。

青书感觉南南的身上似乎有一种超能力，能让大家都开心起来，也能让大家都喜欢上他。反观他自己，则是一个情绪波动比较大的人，平时难过的时候多，开心的时候少，不能给周围的人带来快乐，甚至常常惹人生气，自然也没有南南那样的好人缘。

青书常想：如果我也拥有南南这种能让人快乐的超能力，那该有多好啊！

快乐是一种美好的情绪，更是一种超能力。

哈哈 哈哈 哈 哈 哈

真想像他一样，做大家的开心果。

**成长困惑**

青书很好奇，就去问了南南。可南南说，他也不知道为什么会这样。这样看起来，南南似乎天生就是快乐的人。心理学家说，能够让自己快乐也是一种能力。你知道这是怎么回事吗？

# 你该这么做

情绪就像感冒，是会传染的，快乐是这样，悲伤也是这样。快乐是一种美好的情绪，不仅是一种超能力，而且能感染周围的人，给大家带来内心的愉悦和做事的动力。

因为南南经常能感受到快乐，脸上总是挂满了笑容，只要是在他身边的人，都会为他这种快乐的情绪所感染。

所以，我们如果想让周围的人开心，自己首先要开心起来，并将这种开心的情绪传递给对方。因为自己快乐，也让自己身边的人感觉到快乐。

当然，如果朋友处于悲伤之中，我们的开心或许会起到反作用，会让别人觉得我们是在幸灾乐祸，从而导致自己更加不开心。因此，快乐也要分清场合。

快乐不仅是一种心态，也是一种能力，快乐也需要练习，比如时常面带微笑。

快乐不仅仅是一种表面的笑容，更是内心的豁达。

平时，多笑笑，能增加自己的运气，也能让我们的生活变得更美好。

## 你记住了吗

1. 情绪会传染，快乐是一种超能力。

2. 如果我们想让周围人开心，我们自己首先要开心起来。

3. 如果对方正处于悲伤的状态，我们的快乐会让别人觉得我们是在幸灾乐祸，因此，快乐也要分清场合。

## 你学会了吗

你的朋友因为一次考试没考好而有些难过，这个时候，你应该怎么做?

A. 问他为什么这么笨，这么简单的试卷都考不好。

B. 跟他说自己考了一百分，让他跟着自己多学习学习。

C. 陪着他，安慰他，等他心情稍微好一点后，和他出去玩，放松一下，让他快乐起来。

正确答案：C

# 第三章

## 缔造修养，快速拉近人际距离

# 有礼有节

## ——餐桌礼仪不能忘

**事例**

彭彭每次吃饭时，都会发出很大的声音，无论是在学校还是在家里，都是如此。另外，他吃饭还喜欢吧唧嘴，让身边同餐的人感觉瞬间没了食欲。

以前彭彭可不是这样，也许是他最近变得更好动、更调皮了。

有一次，他在家里吃饭的时候，刚好有快递上门，于是，彭彭将筷子直接插入碗里，便跑了过去。爸爸见状，等彭彭回来就训斥了他。可彭彭觉得这样很方便，谁吃饭的时候还能没有个事呢。

跟同学吃饭的时候，他更是边吃边说，侃侃而谈，眉飞色舞，说到兴起时，手舞足蹈，经常将饭粒直喷到桌面上，斜喷到其他人的饭碗里，还因此发生过许多矛盾。

彭彭在家里吃饭时也是如此，爸妈多次提醒，让他吃饭的时候不要说话，并吓唬他说，吃饭时说话容易噎着，噎着非常危险。但是，彭彭依然当成耳旁风，并没有真正放在心上。

彭彭还喜欢边吃饭边看电视，一旦他看上了电视，眼睛就目不转睛地盯着电视机屏幕，全然忘记了自己在吃饭。有一次，爸爸用筷子狠狠敲击了一下桌面，彭彭才仿佛从电视的世界中回过神来，开始低头吃饭。

爸爸规定，以后吃饭的时候不许看电视。彭彭就哭闹，并发出抗议，说不看电视，饭菜都不香了。爸爸见他一哭闹，便心软了，觉得以后他长大点就好了。但是彭彭现在四年级了，已经不小了，这个坏习惯还是没有改过来。

不仅要专心用餐，还要多考虑别人的感受。

## 成长困惑

彭彭不知道，在中国文化中有许多餐桌礼仪。他可能会想，吃个饭，怎么有那么多的规矩？你是否也有过像彭彭一样的想法呢？

# 你该这么做

餐桌也有礼仪文化。跟别人吃饭的时候，要注意一些礼仪的细节。

我们中国人吃饭，喜欢大家聚在一起，这个时候就更要照顾到别人。

彭彭的诸多做法都是错误的，比如吃饭的时候不要多说话，说话也不要大声，要控制自己的嘴巴，不要发出吧唧声。这样就不会将自己嘴里的饭菜喷得到处都是，给别人带来麻烦，还影响别人的胃口，成为让别人都讨厌的人。

吃饭的时候，如果需要中途离开一会儿，可以将筷子平放在碗上，而不是插在碗里，把筷子插在碗里是一种极其不礼貌的行为，会让别人有种被冒犯的感觉。有些人甚至认为，筷子平放在碗上也是一种不吉利的行为。因此，在吃饭过程中筷子应该放在碗旁边或者筷架上，不能放在碗上。

而且，吃饭的时候最好是专心吃饭，不要看任何东西。保持吃饭的专注，饭菜才会更可口、更健康。如果吃饭时不专注，看来看去，说个不停，不小心喉咙卡住了，还要跑一趟医院，让医生拿着镊子或异物钳在嘴里夹来夹去，很难受，弄不好还会有生命危险。因此，为了防患于未然，我们应该安静而礼貌地吃饭。

另外，吃饭看电视会分散我们的注意力，容易导致食物进入气管，引发呛咳；还容易引发消化不良，时间过长的话，还会导致肠胃功能紊乱。

彭彭可以在吃完饭后再看电视，平时就要养成这样的好习惯。

## 你记住了吗

1. 餐桌礼仪是一项重要的礼仪。

2. 吃饭的时候要照顾到他人，少说话，说话不要大声，也不要吧唧嘴。

3. 吃饭的时候要专心吃饭，不要同时做其他的事情，比如看电视或玩手机。

## 你学会了吗

你的一个同学在中午吃饭的时候坐在你对面，大声嚷嚷，将饭菜喷到了你的盘子中。这个时候，你正确的做法是什么呢？

A. 也将自己嘴里的饭菜喷到他盘子里。

B. 表示很生气，让对方将饭菜赔给你。

C. 让他小心点，提醒他吃饭的时候不要说话。

正确答案：C

# 拒绝贪念

## ——别人的东西我不动

### ·事例·

茉莉下课后去找老师，因为她有问题要请教老师。她走进了办公室，发现里面空无一人，原来老师们都不在。

就在茉莉要转身离开的时候，她看到老师的办公桌上整整齐齐地叠放着几本全新的笔记本。她好奇地走过去看了一眼，发现上面的图案简直太可爱了。她不知道这些笔记本是用来做什么的，还套着包装，是新的。茉莉没能禁得住诱惑，偷偷拿了一本，忐忑不安地跑出了办公室。

上课的时候，老师带着一叠笔记本走进了教室，对同学们说："这阵子咱们有些同学的进步非常快，所以我准备了一些小礼物，奖励给大家，希望这些同学能继续保持，继续加油。"

说完，老师就根据名单读了一遍名字，读到名字的同学上台拿到一本全新的套着包装的精致笔记本。其中就有茉莉。所以，茉莉现在有两本同样的笔记本。

茉莉感到有些紧张，也很羞愧。可是，她不敢将这件事告诉老师，她担心老师会批评自己，还会受到同学的嘲笑。

不是自己的东西，未经别人的允许，千万不要拿。

我很早就想要了……

## 成长困惑

茉莉看见笔记本图案可爱，没有抑制住心中的贪念，于是偷偷拿了笔记本。她不知道该怎么做，是当作什么事都没发生呢？还是对老师坦白交代自己的错误行为，并认错、道歉？

如果你是茉莉，你会怎么做呢？

## 你该这么做

不是自己的东西不要拿，这是亘古不变的道理。

没有经过别人同意而随意拿别人东西，这种行为本质上讲就是"偷"。也许茉莉并没有意识到事情的严重性，但是如果茉莉这次尝到了甜头，以后可能会多次做出这样的事。

如果哪一次被发现了，那么对于茉莉来说是得不偿失的。此后，就不会再有人相信她，她走到哪里，哪里的人就会提防她，她的朋友也会渐渐离她而去。甚至，一旦班级里有东西不见了，大家就会怀疑到茉莉头上，就算不是她拿的，也会给她带来麻烦。

因此，茉莉应该将偷拿的笔记本还给老师，并郑重道歉，认识到自己的行为是不对的，保证下次不再这样了。只要她能真正认识到自己的错误，相信老师也会理解她并原谅她的。

## 你记住了吗

1. 没有经过别人的同意，不要拿不属于自己的东西，这种行为本质上讲就是"偷"。

2. 偷东西不仅会损害别人的利益，也会让自己的信誉受损。

3. 长期养成这样的习惯，小时候是"小偷"，长大了就会成为"大偷"。

## 你学会了吗

有一天，你在学校楼梯上看到一张百元大钞，你会怎么做呢？

A. 捡起来偷偷藏起来，不让别人发现。

B. 假装没看到，从它旁边走过去。

C. 捡起来交给老师，并告诉老师是在哪里捡到的。

正确答案：C

# 重视信用

## ——凡事要有借有还

### · 事例 ·

　　童童的班级里开展了"小小阅览室"的活动，老师让每位同学都从家里挑选1～2本书放在教室后面的柜子中。每位同学都可以自由借阅，但要记得归还。

　　童童放学后在柜子中挑选了很久，找到了一本自己很感兴趣的书——《写给少年的宇宙百科》。他兴致勃勃地拿了出来，放在了自己的书包里，然后回家了。

　　写完作业，童童就迫不及待地翻开书开始看了起来。书里面图画描绘的宇宙如此璀璨，星云如此绚烂，让童童爱不释手。

　　两个晚上的时间，童童就看完了这本书。他想着第三天将这本书还回去，心里却有点舍不得。他决定放在身边多留几天，再看一遍。

　　半个月之后，童童依然没有把书还回去，他已经反复看了许多遍，每次看都有不一样的收获。他遨游在知识的海洋里，乐此不疲，似乎整个宇宙都成了他的一样。

　　周末，爸爸留意到了童童的这本书，翻看了一眼，发现自己之前并没有给儿子买过这本书。他很好奇，于是就问童童这书哪儿来的，童童说："是借来的。"

又过了半个月，爸爸看到这本书还在家里，就问童童："你还没看完吗？"

童童说："看完了，看了好几遍了。"

"那快点还回去吧。"

童童很喜欢这本书，很想把它据为己有。不过在爸爸的催促下，他只好将书还了回去。

借别人的东西，一定要按时还回去。

我已经看完了，还给你。

那你还要看其他的书吗？我家书很多。

## 成长困惑

　　童童很喜欢从学校借来的《写给少年的宇宙百科》这本书，想将它放在自己身边，多留几天，甚至不还了。你觉得他的这种做法对吗？

## 你该这么做

　　俗话说"有借有还，再借不难"。意思是向人借了东西及时归还，就能建立信誉，以后再借就容易了。

　　借别人的东西，那个东西的所有权还在别人手上，并不属于自己。因此，无论是何种理由，借的东西一定要按时还回去。

　　如果借东西不还，那么个人的信誉就会受到损失，别人以后就难以再相信自己了。信誉是指信用和声誉，是他人对自己的评价。如果没有好的信用作为基础，也就不可能有好的声誉。信誉是一个人的立身之本，如果信誉受损，那么他以后将寸步难行。大家对他的印象都是负面的，朋友也不会再和他友好相处，玩游戏的时候也不会再叫他。

　　童童应该将从班级里借来的书尽快还回去，如果确实喜欢，可以让爸妈给自己买一本，也可以找这本书的主人，向他表达对这本书的喜欢，问他能不能送给自己，或用自己的东西交换这本书。

总之，借来的东西，一定要按时归还。这样做，我们就是一个讲信用的人，大家以后也会愿意再借给我们。

## 你记住了吗

1. 借来的东西，并不属于自己，应该按时还给别人。

2. 借东西要"有借有还"，否则会影响我们的信誉。

3. 失去信用，我们将失去在这个社会的立足之本。

## 你学会了吗

有一天，你去超市买东西，突然外面下起了阵雨，商店旁边有租借的雨伞，你拿了一把回了家，没有淋到雨。对于这把借来的伞，你会怎么做呢？

A. 反正不还也没人知道，就自己留着。

B. 无论如何，都要把伞还回去。

C. 看情况，下次去超市再还。

正确答案：B

# 建立边界感

## ——别把自己不当外人

**·事例·**

　　小北家楼上搬来一对年轻的夫妻，小北妈在和他们闲聊后发现，大家竟然还是老乡。小北妈很高兴，很快和楼上夫妻成了朋友，两家人也经常串门。

　　有一天，小北妈带着小北一起上楼玩，楼上夫妻家有一个正在读幼儿园的儿子小不点儿。小北一进邻居家，鞋子都没脱，就跑进了屋子内。妈妈在身后急忙大喊："快点把鞋子脱了。"小北这才跑回门口，换上了拖鞋。以前回到家，小北也经常忘记换鞋子。

　　小北对什么都充满了好奇，看到邻居家里有很多和自己家里不一样的东西。他打开了客厅桌子上的抽屉，想看看有什么好玩的东西，全然把这里当成了自己家。妈妈发现的时候，小北已经将抽屉翻了个遍。妈妈气得打了小北的小手，小北又进了小不点儿的房间。

　　小不点儿正在玩玩具，将火车拿在手上，在地上划来划去。小北上前，一把从小不点儿的手上将玩具火车抢走，放在自己手上仔细看了看。小不点儿望着他，小北觉得这个玩具没什么好玩的，就随手扔在了地上。小不点儿立马大哭起来，他的父母听到动静，急忙跑了进来，抱住了儿子。

妈妈看到小北这样，气得说不出话来，赶紧跟邻居告别，带着小北回去了。

回去后，妈妈教训小北，别人家不是自己家，不要随便乱动别人家的东西。

去别人家做客，要遵守规矩，不要随便乱动别人家的东西。

阿姨，我可以去下洗手间吗？

可以，就在那边。你真是一个懂事的好孩子啊。

## 成长困惑

小北感觉很委屈，内心充满了疑惑，别人家和自己家有什么不同呢？平时看妈妈和邻居夫妻在路上碰到的时候，聊得很开心。小北便觉得邻居和妈妈关系好，因此就没在意。你觉得小北的想法对吗？

# 你该这么做

去别人家做客，一定要有礼貌。

无论是多么亲密的关系，别人家就是别人家，和自己家完全不一样。

进门要记得换拖鞋，上小学的小朋友也应该养成这样的习惯。

首先，不要随意乱碰，也不要乱动别人家的东西，这是最基本的要求。坐下来的时候，要有规矩，要"站有站相，坐有坐相"。

跟主人说话要有礼貌，如果被主人留下来吃饭，要"客随主便"。主人吃什么，客人就吃什么，不能挑三拣四。

如果去的人家家里有小孩子，我们一定要学会照顾好他们，不能和他们随意开玩笑，也不要把与同学的相处模式带到主人家来。

小北的做法显然是错误的，他把邻居家当成了自己家，且有些随意，完全没有意识到自己是客人的身份。

总之，去别人家做客，不要随心所欲，也不要自己想当然，想做什么就做什么。在做事前，先询问一下主人是否可以。

如果一个人将别人家当成了自己家，那么以后，别人也就不会再邀请他去玩了，朋友们也会认为他不太尊重人，从而疏远了他。

## 你记住了吗

1. 别人家是别人家，与自己家完全不一样。

2. 去别人家做客，遵循"客随主便"的原则，要懂礼貌。

3. 去别人家做客，在做事之前，先询问一下主人是否可以。

## 你学会了吗

有一天，同学带你去他家玩，你看到同学家里的玻璃柜中摆放着一个玩偶。你很好奇，想看一下。这个时候，你不能做的事是？

A. 询问一下同学或他的家人，可不可以拿出来看一下。

B. 直接打开玻璃柜拿出来看。

C. 隔着玻璃看一看。

正确答案：B

73

# 注重仪容仪表

## ——好形象决定好印象

### · 事例 ·

　　小松从小由奶奶带大，爸爸妈妈在别的城市工作。奶奶身体状况不太好，很多时候只能在饮食和起居上照顾小松，在其他方面的教育则有些力不从心。

　　学校检查卫生，小松经常不合格，比如，指甲留得太长，衣服太脏，甚至连随身携带的手帕都是皱皱巴巴的。

　　由于他不会剪指甲，时不时就会让同学们受伤，因此同学们都不敢靠近他。老师了解到他的情况后，便每隔一周让他剪指甲。虽然在老师的帮助下小松变干净了不少，但因为老师也不能一直陪在他身边，小松依旧有些邋遢。

　　学校发了红领巾，小松不知道怎么戴上去，取下来的时候总是卷成一团，胡乱塞进口袋里，因此还丢失了好几条。

　　小松也很讨厌这样的自己，感觉自己就像是一个人人都嫌弃的小朋友。他想和同学们有说有笑打成一片，但每次都被同学们拒之门外，这让他很受伤，却不知道该怎么办。

仪容干净清爽的孩子更受人欢迎。

## 成长困惑

书本到处乱放，房间乱七八糟，头发乱蓬蓬的，衣服上常常挂着油渍……你是不是也是一个邋遢小孩？

每个人都喜欢干干净净，小松因为缺少爸妈的关爱，奶奶在这方面又无法给他全面的照顾，于是小松邋里邋遢，自然也不受同学欢迎。

你也不希望像小松一样邋遢吧？那么你会怎样改变自己呢？

## 你该这么做

仪容仪表是一个人的招牌，也是一个人的形象，因此，保持仪容仪表的整洁，是每个人都要学会的第一门课。

干干净净会给人带来舒心的感觉，外表整洁的人，大家更愿意接近他，更愿意与他交朋友。干净也会让自己变得开心，如果总是闻到自己身上有一股臭烘烘的味道，你自己也会很难受。

一般来说，父母是孩子的第一任老师，会教会孩子如何打理自己。但有的时候，父母不在身边陪伴，其他长辈则精力有限，比如小松，在仪容仪表方面就差了很多。

小松可以寻求老师的帮助，或者在电话里将情况告诉爸妈，让他们权衡利弊，要么就回来一个人，在家附近找点事做，要么就将小松带在身边照顾。再者，爸妈不在身边陪伴，孩子在成长的过程中也会缺乏安全感。

简单来讲，小松应该做到勤剪指甲、勤洗澡、勤换衣服，保持面部干净整洁，这样，仪容仪表就会有所改观。

如此一来，成为一个干净清爽的人，更容易受到大家的喜爱。

## 你记住了吗

1. 保持仪容仪表的整洁很重要，是每个人都要掌握的生活技能。

2. 勤剪指甲、勤洗澡、勤换衣服，保持面部干净整洁。

3. 仪容整洁，讲究卫生的人，更容易交到朋友。

# 你学会了吗

你的同桌总是不顾大家的感受，放屁时声音很大。这个时候，你该怎么做？

A. 大声呵斥他，让他把屁憋回去。

B. 悄悄提醒他，让他多注意。

C. 告诉老师，自己想换同桌。

正确答案：B

# 第四章

## 扩大格局，拥有好人缘的秘密

# 懂得感恩

## ——学会感激，收获成长

### · 事例 ·

　　佳乐的班主任刘老师最近喉咙有些不舒服，去医院看了医生，原来是嗓子发炎，配了点药以后，她就回来了。

　　刘老师本来可以请假在家休息两天，但她实在放心不下班里的孩子们，于是带病坚持上课。尽管刘老师讲课的时候嗓子还是会有点难受，但她依旧面带微笑坚持着。

　　这天，刘老师上课的时候，给同学们讲解一篇课文，她声音有些沙哑，音量也比之前低沉了许多。刘老师实在是太累了，便让同学们自由朗读课文，自己则坐在椅子上休息一会儿。

　　这时，佳乐同学站起身来，帮刘老师接了一杯水，递到了她的手里。刘老师感激地看了一眼佳乐，开心地说："谢谢你，好孩子。"

　　第二天，刘老师刚刚走进教室，就看到几个同学围了上来，其中一名同学手里捧着一束鲜花，交到了刘老师手上。刘老师瞬间感觉很欣慰，她仔细望着花束中间的卡片，上面清秀地写着：

"刘老师，谢谢您无私的付出与教诲，请您多保重身体！"

感恩让我们更加快乐，也更受他人欢迎和喜爱。

## 成长困惑

感恩是什么？怎样才能做到感恩？感恩可以给我们带来什么？

## 你该这么做

我们从生下来，被父母养育长大，又来到学校里学习，接受老师的教导，这些过程中离不开很多人的努力与付出。

将来，等我们长大了，我们同样也会为别人付出，整个社会就在这样的循环中运转。

因此，我们要学会感恩，感恩祖国为我们提供了一个安全的大环境，感恩老师和父母将我们培育成人，感恩社会上的人给我们提供的便利和帮助。当然，以后也会有别人为我们的付出而感恩。

感恩不仅是感谢老师们栽培了我们，还要体谅老师，不给老师惹麻烦。感谢父母，是因为父母将我们带到了这个世界，为我们提供了衣食住行，教给我们做人的道理，让我们能够在一个健康、安全的环境下茁壮成长。我们也要感恩朋友，感恩他们的陪伴，珍惜彼此在一起的日子、共同经历的时光。

感恩很简单，我们可以从小事做起，比如，不让父母和老师为我们操心，自己在能力范围内管理好自己。我们也可以用自己的零花钱，买点小礼物，不需要多贵重，比如一朵花，送给父母和老师，表达自己的爱心，他们一定会很开心的。我们也可以大胆地拥抱他们，让他们感受到我们对他们由衷的感激与爱。

学会感恩，表达感恩，这一切，都是为了让我们的社会更美好。

## 你记住了吗

1. 感恩可以促进社会的正循环发展，会让社会更美好。

2. 感恩父母，感恩老师，感恩朋友，正是他们，给了我们生命及成长的关怀。

3. 感恩可以从小事做起，从现在做起。

## 你学会了吗

妈妈感冒了，你下午刚好约了同学来家里玩。这个时候，你该怎么做呢？

A. 改变约会的地点，去同学家里玩。

B. 继续让同学来家里玩。

C. 跟同学说，下次再玩，今天要在家里照顾妈妈。

正确答案：C

# 学会分享

## ——让大家感受你的快乐

### ·事例·

茉莉的爸爸最近去了欧洲出差，回来的时候带了很多好吃的，例如比利时糖果和巧克力。茉莉非常高兴，吃了一块，觉得太好吃了，她之前从没吃到过如此美味的零食。

爸爸跟茉莉说："不要只顾着自己一个人吃，明天带到学校，和同学们一起分享。"

茉莉望着巧克力，瘪了瘪嘴，直摇头，说："不要！我要自己吃！"

爸爸笑着说："好东西要和同学们一起分享嘛，这样以后大家有好东西也会分给你。"

茉莉想了想，实在不忍心将这么好吃的东西给别人，她自己一个人都不够吃的呢。

爸爸见状，又继续说："这么多东西你一下子也吃不完啊。"

茉莉说："我可以把它们保存起来慢慢吃啊，明天带到学校的话，一下子就全没了，我才不要呢。"

爸爸摸了摸茉莉的头，说："分享才会给我们带来快乐，才会给我们带来珍贵的友情。"

茉莉似懂非懂地问道："为什么分享会给我们带来快乐呢？难道我一个人把糖果和巧克力都吃完就不快乐吗？"

学会分享，收获友情和快乐。

这个巧克力很好吃，我们一起来吃吧。

哇，真好！

我下次请你吃辣条。

## 成长困惑

"分享"也是社交关系中最为重要的一种，学会分享是一件很重要的事情。但是茉莉却认为，如果把好吃的东西分享给同学们，那么自己能吃到的就少了，怎么可能会比一个人全吃了更快乐呢？你觉得她这样的想法有什么问题吗？

# 你该这么做

固然，如果一个人不把零食分享给别人，自己一个人吃，可以吃好几天，会有好几天的快乐。

但是，这种快乐是有限的，是会随着时间的流逝而减少的。

比如，一个人第一天吃螃蟹，会认为很美味，第二天继续吃螃蟹，会觉得没有前一天好吃，第三天继续吃螃蟹，会感觉其实螃蟹也就这样。如果他连续几天都吃螃蟹，他总有一天会厌恶螃蟹。

道理是一样的，同样事物带来的快乐会不断减少。想想我们新买的玩具，我们不会一直喜欢这个玩具吧，常常是喜欢新的多一点，喜欢旧的少一些。

而如果茉莉将零食分享给同学，便能将这种快乐最大化。同学们也会感谢茉莉，以后自己有好东西了也会和茉莉分享。这样也会让茉莉在同学心目中树立友善的形象，她也会越来越受人欢迎。

# 你记住了吗

1. 同一件事物带给我们的快乐，会随着时间的流逝而不断减少。

2. 分享可以让快乐最大化。

3. 分享有助于增进我们与朋友们之间的友谊。

# 你学会了吗

你的同学有一张你最喜欢的卡片，你很想要，这个时候，你该怎么做呢？

A．跟他说："把你的卡片给我，我们都会很快乐。"

B．直接抢过来。

C．问他是否可以用其他东西和他交换，你有的他没有的，而且也是他喜欢的。

正确答案：C

# 建立同理心

## ——感同身受是在拉近距离

　　童童的爸爸出了一场车祸，好在没有生命危险，只是腿脚被打上了钢钉，需要住院休养。放学后，童童和妈妈来到医院看望爸爸。

　　自从童童来到爸爸的病房后，就一直吵吵闹闹、蹦蹦跳跳，说话声音也很大。

　　"爸爸，今天上课的时候，我们老师表扬我了，说我聪明。"

　　爸爸旁边病床上有一个病人，当时正在睡觉，被童童吵醒后，有些不乐意，但看到是一个小孩子后，便也没有在意。

　　爸爸提醒童童，这里是医院，大家都在休息，让他不要那么闹腾，说话声音小一点。

　　童童点头答应，可没过一会儿就将爸爸的忠告抛之脑后，他用双手摆出了手枪状，嘴里喊着"Biu，Biu，Biu"，玩起了射击的游戏。

　　旁边病床上的人显得有些不耐烦了，吼了一句："小声点，人家在休息！"

　　爸爸意识到再这样下去可能不好，于是让妈妈先带童童回去。

　　回家上楼梯的时候，童童的脚步声很大，有时直接跳上了台阶。妈妈告诉他，走楼梯的时候脚步要轻一点，不然会影响其他居民休息。

　　缺乏同理心，必然会做出让人讨厌的行为，引起别人的反感。

## 成长困惑

童童觉得他在医院和楼梯闹腾没有多大问题，因为这些都是暂时的，过一会儿，回到家里就不会吵闹了，而且他今天被老师夸赞了，很开心。你觉得童童的这种想法对吗？

## 你该这么做

童童要学会尊重别人，因为这个世界不是只有他一个人，要心中有他人。

要尊重别人，首先就是要意识到别人的存在，眼里要能看到别人，能装下别人。

人在高兴的时候可能会忘乎所以，全凭自己的喜好来行事，这时对他人的感知力就会降低。

再者，老师夸奖童童，童童感到高兴没有错，但是他的爸爸现在还在医院里躺着，刚刚经历了一场车祸，需要家人的关心与问候。

因为是自己儿子的关系，爸爸能够理解童童只是小朋友，不懂得关心爸爸。只要儿子高兴，他也会高兴。但是其他人就不同了。其他人与童童非亲非故，就算他是小孩子，也会觉得他太烦人。

很多小朋友坐高铁或坐火车的时候吵吵闹闹，也是因为他们并不知道自己的行为会给别人造成困扰，这就是心里只有自己，没有别人的表现。

所以，任何时候，我们行动之前，必须考虑一下，自己的行为是否会影响别人。这就需要我们拥有能够体会他人情绪和感受的同理心，也就是说要学会换位思考，能够将心比心。

养成了这样的习惯，我们以后就会是一个同理心很强的人，同时也会有越来越多的人喜欢我们，从心底里尊重我们。

## 你记住了吗

1. 眼里不要只装着自己，还要装着别人。

2. 行动前，我们需要考虑下别人的存在、别人的想法，以及自己的行为是否会给别人带来困扰。

3. 眼里始终有别人的人，是一个同理心强的人，会很受欢迎。

## 你学会了吗

你在小区广场踢足球的时候，进来了几个比你还小的小朋友。这个时候，你该怎么做呢？

A. 让对方赶紧离开，不要妨碍自己踢足球，球可不长眼睛。

B. 就当他们不存在，继续和伙伴们踢足球。

C. 停下来，也让伙伴们停下来，让他们优先通过，礼貌又安全。

正确答案：C

# 助人为乐

## ——朋友有困难时，及时伸出援手

### • 事例 •

小北和佳乐是同班同学，住在同一个小区。

最近，佳乐的爷爷生病了，她的爸爸妈妈轮流在医院里照顾爷爷，因此佳乐每天只能自己步行上下学。

小北坐爸爸的车上学的时候，总能看见佳乐一个人在路上走着。看着她孤独的身影，小北问爸爸："爸，以后上下学的时候，你能不能带上佳乐？我觉得她可能需要我们的帮助。"小北于是将佳乐的事情告诉了爸爸。爸爸听完欣慰地笑了，说"当然可以，乐于助人是好品质，我们小北真棒！"

后来，小北的爸爸联系上了佳乐的爸妈，说如果他们最近没时间回家，就让佳乐在小北家吃饭，早晚一起上下学。佳乐的父母很感激，表示要付给小北家饭钱，小北爸爸却说："多双筷子而已，没有佳乐，我们每天也会吃饭。你们在医院专心照顾老人吧。"

赠人以花，手留余香。帮助别人，我们也会收获快乐。

以后我们一起上下学吧。

好啊，谢谢你。

## 成长困惑

你接受过别人的帮助吗？可能会有同学不理解，助人为乐有什么好的，我们这么做的意义是什么呢？

一个人如果不懂得助人为乐，那么对他的良好品格、习惯的形成以及人际关系的发展会造成不良影响。对此，你有什么想法吗？

# 你该这么做

小北和他爸爸的做法非常对。

人的本质是社群动物，或者说人是群体动物，人活着就是活在人际关系中。

在很长的一段历史时期里，人们都聚集生活在一起，族群中谁有困难，大家都会帮助他。大家一起抱团取暖，才能在恶劣的生存环境中存活下来，并繁衍至今。因此，乐于助人的天性一直伴随着我们人类，是我们的本性。

现在的生活环境显然比以前好多了，但有的时候，人还是会遇到困难。现在生活在城市的孩子大都是只有爸爸妈妈在身边，亲戚、长辈都在远方。因此当一个家庭遇到困难的时候，也需要别人的帮助。这种帮助不一定是多大的事情，更多的是一点小小的照顾。

助人为乐，就是把帮助别人当作快乐。它的内在精神是"爱人"。它要求人们以善良仁义之心关心别人。与人为善，常做好事，不仅能为被帮助者提供帮助和支持，也会给自己带来积极的影响，让心中常产生一种难以言喻的愉悦感和自豪感。乐于助人的人也是天生的领导者，在朋友圈中也会占据主导地位，会成为朋友间信赖的人。

同样地，助人为乐也会传染，谁也不能保证自己一生都不需要别人的帮助。因此，平时养成助人为乐的习惯，以后在有需要的时候，别人也会伸出援助之手。

# 你记住了吗

1. 早期的人类，都是在互帮互助中走过来的。

2. 助人为乐可以让我们拥有更为良好的人际关系。

3. 如果我们平时助人为乐，那么在我们遇到困难的时候也同样会受到别人无私的帮助。

# 你学会了吗

你是男生，你看到班级里有几名女同学在搬箱子。这个时候，你认为正确的做法是什么呢？

A. 给她们鼓掌，并说："你们真棒。"

B. 主动上前询问，是否需要帮忙。

C. 提醒她们当心点。

正确答案：B

# 提高共情力

## ——告别低情商，成为受欢迎的人

**· 事例 ·**

小龙是小学三年级学生，但是在家里，都是爸爸妈妈帮他包办一切。

每天早上醒来，妈妈叫醒他之后帮他换衣服、刷牙和洗脸，然后帮他穿上鞋子后送他去学校。

他就像是一个永远也长不大的孩子一样，总是以自我为中心。早上若是妈妈慢了一点，他就会在床上又蹦又跳，大吼大叫，让妈妈快一点。

到了学校，与同学们相处的时候，他也总是很惹人烦。比如，有一次，同桌因为考试没考好，看着自己的试卷，不知不觉哭了出来。他却在一旁和前面的同学打打闹闹，哈哈大笑。当前桌同学发现小龙的同桌哭了之后，停止了打闹，并小声在小龙耳边说："我们别闹了，她好像不太开心的样子。"

小龙却不以为意，大声地说："没事，她哭一会儿就好了，不碍事。"

同桌听到这句话，立马跑出了教室，哭得更厉害了。

老师得知此事后，将小龙叫到了跟前，说："你也不是一个小孩子了，怎么一点共情力都没有呢？"

小龙仔细想了想，觉得当时他也没说错什么呀，人不可能一直哭，总会有消停的时候。

老师叹了口气，语重心长地说："你要学会理解别人，你才能长大。"

缺少共情力的人，更容易伤害别人。

没事，她哭一会儿就好了，不碍事。

## 成长困惑

你是否也遇到过像小龙这样的人呢？或者你是否也像小龙这样呢？你认为到底应该怎么做才算有共情力呢？

## 你该这么做

在我们的生活中，人际交往是非常重要的。而在这个过程中，共情力则是一种非常宝贵的品质。具备强大共情力的人，往往能够在人际关系中更加得心应手，无论是在学校、家庭还是社会环境中，都能受到大家的欢迎。

首先，我们需要理解什么是共情力。简单来说，共情力就是感同身受，能理解和感受他人情感的能力。当一个孩子能够真正站在他人的角度去思考、去感受，那么他就能更好地理解他人的需求和困扰，从而在交往中表现得更加贴心与得体。

在实际生活中，共情力强的人常常能够在团队中发挥领导作用。因为他们能够很好地理解他人的需求和情感，因此在团队中更容易赢得他人的信任和支持。这种人在人际交往中不仅受人欢迎，还往往能在各种社交场合中表现出色。

共情力强的人也往往具备更好的沟通能力。他们擅长倾听他人的想法和感受，并且能够以恰当的方式回应。

此外，共情力强的人还能够更好地应对挫折和困难。当他们遇到问题时，不仅能看到自己的需求，也能考虑到他人的感受。这种全面的视角让他们能够更好地应对各种挑战，同时也更有可能取得成功。

小龙应该多理解爸爸妈妈，并跟他们说一声谢谢。此外，他自己也要学会穿衣服，不要什么事情都让妈妈帮忙。再者，他也应该和同桌道歉，因为他的言语已经伤害了同桌。

## 你记住了吗

1. 人都会慢慢长大，能理解别人是开始长大的表现。

2. 共情力是一种重要的品质，是能理解和体谅别人，站在他人角度思考的前提。

3. 如果一个人没有共情力，那么他就会变得很自私，会越来越讨人厌。

## 你学会了吗

你看到同学感冒了，鼻涕挂在鼻孔上，他竟浑然不觉。这个时候，你该怎么做呢？

A. 帮他擦干净。

B. 嫌弃他好脏。

C. 将纸巾递给他，让他自己擦干净。

正确答案：C

# 学会包容

## ——敢于接纳和自己不同的人

### ·事例·

蓉蓉的班级里来了一名新同学，叫筱筱，这个来自南方的女孩儿成了蓉蓉的新同桌。

蓉蓉平时是一个开朗的人，喜欢和同学们打成一片，而筱筱却是一个沉默寡言的人，很多时候连话也说不清楚。再者，由于筱筱来自南方的偏远地区，而蓉蓉是北方人，二人的很多生活习惯也不同。

蓉蓉对筱筱逐渐产生了厌恶之情，认为她和自己是两个不同世界的人，两人没有任何共同语言。

有的时候筱筱想找她帮个小忙，蓉蓉每次都不搭理。就算是答应了，也是草草了事，或者只是完成到一半，还埋怨说："你怎么这么烦啊！"

渐渐地，筱筱也不和蓉蓉说话了，有的时候宁愿自己多花点时间，也不愿找蓉蓉帮忙。

蓉蓉喜欢和与自己性格相近的人交朋友，而对于那些与自己性格相差很多的人，她不想有任何交集。

接纳与自己不同的人，帮助你打开更浩瀚、有趣的世界。

我们性格不合，能成为朋友吗？

不试试怎么知道呢？

## 成长困惑

　　蓉蓉觉得，好朋友就应该性格一致，喜好一致，甚至生活习惯也要保持一致。可是在这个世界上，没有两片完全相同的叶子，每个人的生活环境不一样，生活方式也不一样，这就导致了她和筱筱没能成为好朋友。

　　你对此是否也认同呢？你会与和你不一样的人做朋友吗？

## 你该这么做

在我们的成长之路上，会遇到许多不同背景、不同性格的人。在这个多元文化的社会环境中，学会接纳与自己性格不同的人，是至关重要的。

首先，我们要明白一个事实：世界上没有两片完全相同的叶子，也没有两个完全相同的人。每个人都有自己独特的性格、兴趣爱好和价值观。这并不是坏事，而是多元化世界的一部分。然而，当我们遇到与自己性格迥异的人时，我们可能会感到不适应或产生冲突。这种不适应或冲突可能会导致同学关系紧张，甚至影响学业。

那么，为什么要接纳与自己性格不同的同学呢？这是因为接纳不同性格的同学，有助于拓宽我们的视野，让我们更加了解不同的文化。通过与不同性格的同学交流，我们可以学到不同的思考方式和解决问题的方法，从而提升我们的综合素质。此外，接纳不同性格的同学，还有助于培养我们的同理心和包容心，让我们更加尊重和欣赏不同的个体。

蓉蓉应该尝试着多与筱筱接触，并给予她力所能及的帮助。可能今后她会发现，这个来自南方的同桌虽然沉默寡言，但也是一个非常有趣的同学。

## 你记住了吗

1. 每个人都是不同的，来自不同的地区，有着不同的性格。

2. 与不同性格、文化背景的朋友相处，可以拓宽我们的视野。

3. 接纳不同性格的人，有助于培养我们的同理心和包容心。

## 你学会了吗

你的表哥从美国回来了，他现在正在读初中。你和他见过一次面，你发现你们的很多习惯都很不同，包括饮食习惯和说话方式都不一样，还因此产生了很多不愉快。这个时候，你该怎么做呢？

A. 从此避免和表哥接触，以免产生更多不愉快。

B. 告诉他，你和我们都不一样，你要改变。

C. 试着和他交流不同的看法，分享美国和中国的不同生活。

正确答案：C

# 向他人学习

## ——人人都是老师

儿童节快到了，童童的班级正在准备节目。身为班长，他被老师委派了任务，需要根据同学们的喜好选取节目的类型，是一起唱歌呢，还是一起做游戏，或者一起表演个小品。

童童来到教室后，开始挨个询问同学。很多同学都在一起嬉戏，听到班长问问题，也不管他。童童问了好几次后，他们才停止嬉戏，表示唱歌、跳舞都可以，怎么样都行。

这么问了几个人之后，童童显得不耐烦了，感觉这样效率太低了。还有一些同学不配合，故意和童童唱反调，说一些漫无边际的话。

童童一向觉得他是班长，学习成绩是班里最好的，大家就应该配合他的工作。有个别同学看到他这样挨个询问，就建议他换个方式，在中午吃完饭午休的时候，让大家举手投票。如此一来，就不用这么麻烦了。

但是童童认为，他是班长，怎么能按照别人的方法去做呢？他认为这肯定是不行的。

忙活了一天，童童只收集到了一半的统计结果。放学之后，老师问童童统计的结果是什么，童童摇了摇头。

老师询问了一遍童童的做法，之后教给了他一个办法，与之前那位同学给出的办法一样。

尺有所短，寸有所长。每个人身上都有值得我们学习的优点。

学习好

人品好

体育好

## 成长困惑

没想到老师教给童童的办法也跟那位同学的建议一样。你认为童童应不应该听从同学的建议呢？

## 你该这么做

孔子说："三人行，必有我师焉。"

每个人都有自己的长处，都是我们学习和仿效的对象。

童童认为自己学习成绩好，而且还是班长，就认为自己样样都好，这显然是不对的，也是不现实的，他应该多听取别人的意见。俗话说："三个臭皮匠，赛过诸葛亮。"或许有些问题在他看来很难，但别人却有更好的办法。

不断学习身边人的优点，这样，一个人才会越来越优秀，交到的朋友也会越来越多。

如果一个人总是自以为是，因为自己在某些方面比别人强而过度自信，只关心自己的想法和感受，认为别人的意见没有用处，那么别人就不敢靠近他，并觉得这个人很难相处。他在这样的环境中时间久了，就会更倾向于认为自己真的很不错，会越来越狭隘，有如"井底之蛙"，看到的永远只是井口大的天空，却不知真正的天空要比自己看到的大很多。

# 你记住了吗

1. 每个人都有自己的长处，都可以成为我们的老师。

2. 我们要善于从别人身上学习他人的优点。

3. 不要刚愎自用，认为自己样样比别人出色，这样会越来越狭隘。

# 你学会了吗

一位同学球踢得不错，你和他成了朋友，让他教你踢球。渐渐地，你踢球的水平有所提高，但这位同学的学习成绩很差，你的妈妈见到你和他在一起，回去后便让你不要再和他来往了。这个时候，你该怎么做呢？

A. 不听妈妈的话，继续和他一起踢球。

B. 听妈妈的话，与这位同学绝交。

C. 告诉妈妈，这位同学虽然学习不好，但球踢得很棒，你和他在一起可以取长补短，你可以带他一起学习。

正确答案：C

# 宽容待人

## ——遇事不指责，凡事多体谅

### ·事例·

小龙与彭彭是好朋友，经常在一起写作业、打游戏，下课的时候也总是腻在一起。

有一次，小龙和彭彭吵架，小龙将彭彭的游戏机扔在地上，一下就摔碎了。彭彭很生气，发誓以后再也不和小龙做朋友了。

后来，小龙的父母得知此事后，给彭彭重新买了一台游戏机。

但是二人的关系却一直没有得到缓和，在路上碰到之后，都假装没有看到对方，经过彼此身边的时候，还故意挑衅对方，谁也不服谁。

班里其他几个同学发现了两人关系的不正常，便询问双方，究竟发生了什么事，为何都不想和对方一起玩了。无论是小龙还是彭彭，都在说对方的不是，并表示二人已经不再是朋友了。

同学们对此也没有在意。只是有的时候一起踢球，就感觉他们两个像仇人一样。如果一方得知和对方在同一个组，就不干了，直接跳到对面组。踢球的时候，两人也像是在互相较劲，动作有些激烈，甚至有几次差点引发肢体冲突。

宽容，让彼此的心更贴近。

**成长困惑**

你是不是觉得小龙与彭彭两个人这样做有点不太恰当呢？如果你是小龙或彭彭，你会怎么做呢？

## 你该这么做

人与人之间总避免不了矛盾与摩擦。有了矛盾和摩擦后，人际关系就会受到损害。

这个时候，若是彼此都不肯后退一步，那么二人就像是站在了彼此的对立面，不仅自己的心态会受到影响，与其他人的关系也会被波及到。

在学校里，大家都相互熟悉，如果两个原本是好朋友的人突然变成水火不容的状态，就会给其他同学带来麻烦。比如小龙和彭彭，在踢球的时候就始终不与对方在一个队。在踢球的过程中，他们还在相互较劲，其他同学就会感受到这种不友好的氛围，不知该如何是好。如果二人打起来了，伤到自己不说，也让其他人左右为难。

同学们总是在一些小事情上发生矛盾，认为这是天大的事情。随着时光的流逝，曾经再大的事也变得微不足道了。因此，我们需要宽容，需要原谅对方。

宽容不仅是一种美德，更是一种修行。它会让我们的心变得更加平静，也会让我们更开心、快乐。如果我们是宽容的人，大家会更喜欢我们，也会觉得我们是值得长期相处的朋友。

小龙和彭彭应该郑重地向对方道歉，并真诚地期待对方能原谅自己，让友谊之花重新开放，回归最初的美好。

# 你记住了吗

1. 人与人之间有矛盾不要紧，但不要让矛盾升级。

2. 宽容会让我们更受欢迎，也会让我们更开心、快乐。

3. 如果坚持不原谅对方，那么也会给其他朋友带来困扰。

# 你学会了吗

你把好朋友心爱的玩具弄坏了，这个时候，你该怎么做呢?

A. 矢口否认，不是自己弄坏的，本来就是坏的。

B. 悄悄藏起来或者丢掉，不让朋友发现。

C. 向朋友道歉，并请求他原谅。

正确答案：C

# 第五章

## 培养情商，应对人际交往难题

# 朋友和尊严怎么选

## ——赢得尊重比委曲求全更实际

### · 事例 ·

青书是一个沉默寡言的孩子，平时在班级里也从不主动跟别人说话。他的朋友不多，小龙是其中之一。

青书非常珍惜自己的朋友，但他发现小龙总是喜欢让他去干这干那，比如本来是小龙值日，他却让青书帮他一起劳动。中午吃饭的时候，小龙有时会让青书将自己碗里的鸡腿分给他一半，因为他说自己总是吃不饱。每当这个时候，青书就会勉为其难地将一半鸡腿给他。

有时，小龙跟其他同学闹矛盾了，他就会来找青书帮忙，将同学数落一番，然后让青书以后再也不要跟他说话了。尽管青书心里有些别扭，但他考虑到小龙是他的朋友，而与和小龙发生摩擦的同学不怎么熟悉，因此，青书也总是能满足小龙的要求。

在操场上踢足球的时候，若是小龙和青书不在一个队，小龙就会要求青书在没人注意的时候"放水"，将球踢给他。青书知道这么做对不起队友，因此总是拒绝。小龙就会因为这件事疏远青书，直到青书给小龙买点零食吃，小龙才会重新露出笑脸。

委曲求全只会让别人不尊重我们。

我买不买呢?

你去给我买瓶水，我就原谅你。

## 成长困惑

青书内心其实已经厌恶小龙了，但他不想失去小龙这个朋友。如果不顺着他，小龙肯定会生气，甚至和青书绝交。

交朋友，要把自己放到卑微的位置，为了讨好对方而委屈自己吗? 对此，你有什么看法呢? 如果你是青书，你会怎么做呢?

## 你该这么做

朋友从来不是单方面的，而是双向奔赴的。单向的友情从来不会持久，也不健康。

把你当朋友的人，不会三番五次地要求你做这做那，而是会体谅你、理解你；把你当朋友的人，会关心你有没有吃饱，而不是让你把自己的食物分一半给他。

显然，小龙根本没有把青书当朋友，甚至没有将青书当成一个与自己平等且需要尊重的人。尽管青书多次委曲求全，满足了小龙的要求，但换来的却是小龙越来越不合理的要求。

在这种情况下，青书应该将自己的想法跟小龙说出来。若是小龙还是如此，并不觉得自己有什么问题，那么，可以将此事告诉老师，让老师去找小龙单独谈话。因为小龙的这种行为若是不及时纠正，今后还可能给其他人带来伤害。

青书也可以试着和其他朋友走得近一点，或结交一些新朋友。

## 你记住了吗

1. 遇到朋友提出不合理的或有违自己内心的请求时，要勇敢地表达自己的想法。

2. 委曲求全不可能换来友情，反而会让自己更加吃亏，最终也挽救不了友谊。

3. 尝试多交几个朋友，可以避免自己对唯一朋友的过分依赖。

# 你学会了吗

你听到甲、乙两个同学在一起说话，甲对乙说："你就委屈一下，把你那个游戏机给我玩几天。"

乙默默低下了头，看上去很是纠结，过了很久，才轻轻点了点头。

这个时候，你正确的做法是：

A. 走上前去跟乙说："也给我玩几天吧。"

B. 走上前去告诉甲："你不能这样对待你的朋友。"然后，对乙说："如果你不想给他玩，就告诉他'你不想'，朋友之间的友谊是相互的，你不能这样委屈自己而成全他人，这种友情是不健康的。"

C. 私下里向甲讨教怎么做能让对方把他心爱的游戏机给你玩，并如法炮制，让另一个同学将他心爱的玩具给自己玩几天。

正确答案：B

# 反击的正确方式

## ——"讲义气"不是意气用事

### • 事例 •

今天刚下完雨，道路上还有些湿，操场上没有几个人，风呼呼地吹来，小北打了个哆嗦。

小北之前踢球的时候将一个足球忘在了一棵大树的后面。他朝着大树走去，隐约听到前面传来一阵奇怪的声音，其中还有哭声。

小北吓得不敢往前走，他不知道前面发生了什么。他定睛一看，看到三四个人站在一起，将另一个人围了起来。那个被围起来的人的身影看上去有些熟悉，小北又仔细一瞧，才发现那人正是他的好朋友彭彭。

看到这种情形，小北立刻明白，彭彭应该是遇到了什么事，被欺负了。

小北回想起来，前几天彭彭对他讲过，他之前因为一些小事得罪了比自己高一级的同学。当时彭彭是笑着讲这件事的，所以小北也没放在心上，以为是很小的冲突，双方早就已经和解了呢。

可现在看来，双方似乎并没有和解，事情并非那么简单。

小北看到那几个人来回推搡彭彭，彭彭那瘦小的身影在来回摇晃。小北瞬间急了，很想马上就冲上前去，将彭彭带离这个危险的境地。可是，对方有四个人，都是比自己高一级的学生，而且其中一个看上去很壮实。

小北有点怕了，他怕自己冲上前去会进一步激化矛盾，并和彭彭一起被欺负，他甚至害怕对方发现自己，那样的话，恐怕他连逃跑的机会都没有，更别说帮忙解救彭彭了。

朋友被欺负，我们不能袖手旁观。

我要赶紧告诉老师。

## 成长困惑

一边是自己的好朋友彭彭被人欺负，一边是自己内心的恐惧与担忧。如果你是小北，你会怎么选择呢？

## 你该这么做

试想一下，小北冲上去会怎样呢？可能他的行为很勇敢，为朋友"两肋插刀"的精神也很让人敬佩。但是，这样做并不能缓解冲突，反而可能会让冲突升级，将自己和彭彭置于更加危险的境地。

如果小北假装什么也没看见，悄然离开，他的内心会受到良心的谴责，长时间处于内疚之中。而且，若是彭彭知道了小北曾经看到自己被欺负却选择视而不见的事实，彭彭也会对小北心存芥蒂，影响二人之间的友谊。

小北的最佳选择是去寻求老师的帮助。事后，作为彭彭的朋友，小北也应该多安慰他，多陪伴在他身边，让他知道就算是自己被欺负了，朋友见到了也会想尽办法帮助他。这也会让友谊之花在彼此的心中进一步绽放。

## 你记住了吗

1. 不要欺负别人，因为这是恶劣的行为。

2. 碰到朋友被欺负，应该想办法帮助他，而不是视而不见。

3. 一定要确保自己的安全，在学校里，遇到危险的情况可以向老师和校长寻求帮助。在外面，若是不能立即联系到亲近的人，可以向路边商店里的人寻求帮助，或直接拨打"110"。

## 你学会了吗

你正在上厕所，这时，几个同学走了进来，你听到他们正在商讨如何去对付另一个同学，听口气，好像是因为其中一个人和那个同学有矛盾。遇到这种情况，正确的做法是：

A.悄悄离开，偷偷记下几个学生的面貌，然后，赶紧将听到的情况报告给老师。

B.上前打声招呼，并请求加入他们。

C.如果你认识那个同学，就赶紧告诉他："有人正要欺负你"；如果不认识，就装作什么都没听见。

正确答案：∀

# 学会化解矛盾

## ——用和解代替争吵

**事例**

茉莉最近一段时间和转校生筱筱走得很近，她们经常在一起玩耍、写作业、分享彼此的生活。

然而，两人却因为一件小事吵起来了。

一天，她们在公园里的滑梯上坐了下来，开始漫无目的地聊天。在聊到了最近出品的古偶剧时，彼此的意见出现了分歧。茉莉认为男二号为人正派，长得更帅，比男主角更具有主角光环。但筱筱却持相反意见，她认为明显是男主角更具有吸引力。

两人谁也不服谁，在滑梯上争论了不下10分钟。

见朋友不认同自己的看法，筱筱气得直跺脚，声音越来越大，语气也越来越急促地说："你品位实在太差了，咱俩真玩不到一块儿去！"

茉莉听到筱筱如此说，也气得立即站起身来，说："你的审美也好不到哪儿去，我也不想跟你玩了！"

筱筱大声说道："我们以后不再是朋友了！"

茉莉也应和道："好，一言为定！"

随后，两人分道扬镳，各回各家。

吵架不仅伤害我们的感情，也会让我们不开心。

主角才最帅！

瞎说！男二号更有吸引力！

## 成长困惑

茉莉回到家后，想起了自己与筱筱不再是好朋友了，便有点难过。可是，一想到筱筱贬低自己，自己的观点不被认可时，她又开始生闷气了。茉莉决定，以后再也不跟筱筱说一句话，除非她认可自己的看法。

如果你是茉莉，你会怎么做呢？

## 你该这么做

　　每个人的想法都不尽相同，尤其是对各种影视角色的看法。如果碰到与自己有不同想法的人就吵架，那我们的生活该有多累呀，每天除了吵架就没有别的事做了。

　　朋友之间，难免会出现看法不一的时候，也难免会发生争吵。人在吵架的时候，情绪激动，有时会说一些过激的话语，甚至还会发誓和对方绝交。这些都是正常的。

　　但是，人与人之间需要相互理解，尤其是朋友之间。吵架归吵架，但不要打架，也不要伤害彼此间的感情。重要的是，吵完架后，二人需要一起去面对，因为我们未来的人生很长，要向前看，不要总想着过去的不愉快。

　　茉莉应该在事后去找筱筱，小朋友的脾气都是一会儿好一会儿坏，等到事情过去后，可能筱筱都不记得自己与茉莉吵过架了。二人可以互相道个歉，依然是彼此的好朋友。

　　有的时候，吵架反而是两个人友谊的黏合剂。正因为吵架的时候双方情绪都上来了，等到事后，就会意识到自己的错误，从而更珍惜彼此的友谊。

　　世界上最珍贵的是人与人之间的真情和友谊，两个好朋友如果因为一点小事就绝交，该有多可惜呀。

## 你记住了吗

1. 每个人的想法都不一样，我们要学会尊重其他人的想法。

2. 吵架的时候不要动手打人，也不要做出实质性伤害友情的事。

3. 朋友不会因为一两次的争吵而失散，重要的是吵完架后要敞开心扉交流。

## 你学会了吗

你在班里看到两个同学在吵架，而且越吵越凶。在这种情况下，你应该怎么做？

A.让周围人把他们拉开，照顾二人的情绪，并通知老师。

B.拿着零食在一旁坐着，嘴里时不时地喊："打起来呀！打呀！"

C.冲上前去，将二人分开，告诉他们不要吵了，谁再吵就打谁。

正确答案：A

# 如何面对误解

## ——埋怨不是唯一途径

> ### ·事例·
>
> 青书与小龙关系不错，二人的父母也都相互认识，平日里放假的时候，他们经常去对方家里玩。
>
> 有一次，青书从书店里买回了一本书，是法国作家圣-埃克苏佩里的代表作《小王子》。青书看了一遍后，非常喜欢这本书，就把它推荐给了小龙。小龙在学校里看了几页后，也很喜欢。青书便将自己的这本《小王子》借给小龙，小龙拿回家半个月就看完了，还给了青书。
>
> 可是，有一天，青书却找到了小龙，让他还书。小龙一脸茫然，说："《小王子》吗？我之前不是还给你了吗？"
>
> 青书摇了摇头，说自己家里找不到这本书，他只记得借给了小龙。
>
> 小龙仔细回想，自己明明把书还给青书了。
>
> 青书见小龙"死不认账"，生气地说："我把你当好朋友，你竟然还骗我！"
>
> 小龙也气愤地说："我还给你了，我就是还给你了。"
>
> 二人于是就这么绝交了。小龙回家后，越想越气，一

个人在房间里哭了起来。小龙爸爸见状，急忙询问原因，小龙便将事情的前因后果告诉了爸爸。爸爸淡然一笑，他相信自己的儿子不会说谎，中间一定是有什么误会。

小龙爸爸于是重新买了一本《小王子》，送给了青书，并跟青书的父母说明了情况。两家的大人也都心照不宣。

面对误会，我们应该在第一时间就解释清楚。

你拿了我的书还没还给我。

我还给你了。你可能记错了，不过没关系，我买了一本给你。

## 成长困惑

小龙一想起青书以后再也不理自己了，就有点难过。难道以后就不能和青书成为朋友了吗？可是他记得自己将《小王子》还给了青书，现在青书说他没有还，想必这本书是找不到了。小龙也想帮青书找回这本书，但他无从下手。

如果你是小龙，你该怎么办呢？

## 你该这么做

有时候，朋友之间产生一些误会是在所难免的。既然产生了误会，就需要主动向对方澄清。但是，有的时候可能是对方相信了某些事情，才会产生误会。因此，保持一个良好的态度，向对方说明情况，相信对方会理解你的。

青书以为小龙没有归还《小王子》，便找他索要。小龙很委屈，因为自己已经还了。小龙可以帮助青书一起回忆，是不是后来又将这本书借给了其他同学。然而小龙没有这样做，他选择和青书绝交。还好小龙的爸爸重新买了一本相同的书给青书。青书当然会发现这本新书不是自己借给小龙的那本，或许在他发现真相以后，他会主动和小龙和好。

俗话说，"解铃还须系铃人"，误会如果不解除，就会在朋友的心中留下隔阂，以后就算是再相处起来也会心有芥蒂。

因此，当我们和朋友之间有误会的时候，应该积极主动地去消解，而不是互相指责和埋怨。

## 你记住了吗

1. 朋友之间有误会是正常的，不要因此而失去了友谊。

2. 误会需要澄清，面对误会，我们要积极主动去澄清。

3. 我们不要随意误会别人，需要自己先调查清楚，或者和好朋友一起调查清楚。

## 你学会了吗

你的朋友丢了十块钱，说是你拿的，可是你没有拿。遇到这种情况，你该怎么办？

A. 把自己的十块钱给他。

B. 指责他血口喷人，让他拿出证据。

C. 试着帮他回想一下，同时也可以寻求老师和家长的帮助，一起找找，看看丢失的钱究竟在哪里。

正确答案：C

# 朋友没有先后

## ——不论新老朋友，都是朋友

**·事例·**

佳乐家这栋楼里搬来了一个新邻居。邻居家有个和佳乐差不多大的孩子，名叫洛洛，二人很快就熟络起来。因为两家是隔壁邻居，双方的父母也很快认识了，所以她们经常会跑到对方家里去玩。

小美是洛洛的同班同学，二人的关系也不错。

到了周末，小美打电话给洛洛，邀请她来自己家一起写作业。可洛洛已经答应了去佳乐家里玩，于是拒绝了小美。小美在电话里显得有些失落，洛洛只好说下次再陪她一起玩。

随后，洛洛去了佳乐家里。一起玩的时候，佳乐发现洛洛好像有心事，玩得也不尽兴，不过，她没有多想。

晚上回到家里，洛洛给小美打了个电话，小美一直没有接。洛洛更加失落了，她在想，是不是因为自己没有答应小美的请求，所以小美有些不高兴？

洛洛把自己的苦恼告诉了佳乐。佳乐觉得因为自己的缘故，使得洛洛冷落了小美，她的心里也很不是滋味。

佳乐建议洛洛邀请小美一起到她家做客，三个人可以在一起学习和玩耍。人多，也更好玩；一起学习，也会产生更多的智慧的火花。

佳乐、洛洛、小美都非常开心，三个人也都分别多了一个好朋友。

让不同的人相互认识，我们就是善于交际的人。

这是我的好朋友，她叫小美。

这也是我的好朋友佳乐。

## 成长困惑

洛洛有老朋友佳乐，现在又有了新朋友小美，佳乐和小美也都很喜欢洛洛。洛洛无法同时和佳乐、小美两个人一起玩耍，这势必会造成冲突。这种情况发生多了，三个人之间的矛盾也会升级。

如果你是洛洛，你会怎么做呢？

## 你该这么做

随着一个人的成长，他接触到的人会越来越多，朋友也会越来越多，如何平衡与新老朋友之间的关系，也是每个小朋友都会遇到的问题。

俗话说，"鱼与熊掌不可兼得"，人的时间和精力也是有限的。有的时候，我们会同时接收到不同朋友的同时邀请，就会陷入两难的境地。

其实，我们平时就可以介绍不同圈子内的朋友互相认识。这样一来，大家也就形成了一个新的小圈子，在周末的时候可以一起去玩，或者一起分享彼此不同的生活。

不必担心这么做会让其中的任何一个人不开心，因为小朋友都渴望能够认识更多的朋友，如果让两个互不相识的朋友通过双方共同的朋友的介绍成为新朋友，大家都会很高兴的。

说不定他们还会感激我们呢。

## 你记住了吗

1. 小朋友都渴望认识新朋友。如果能认识新朋友，他们也会很高兴。

2. 我们可以让两个互不相识的朋友成为新朋友。

3. 新朋友原本属于不同的圈子，在一起或许能碰撞出不一样的友情。

## 你学会了吗

你和同学走在街上，这时，你遇到了一个熟悉的人，他曾经是你的幼儿园同学，这时，你该怎么做呢?

A. 装作没看到老同学。

B. 抛下身边的同学，去和以前认识的朋友一起玩。

C. 向他们介绍彼此的情况，让他们相互认识。

正确答案：C

# 专注自身成长

## ——别让攀比毁掉友情

### ·事例·

筱筱是个转校生，来到了陌生的校园，与同班同学茉莉走得比较近。刚开始，二人无话不谈，每天几乎形影不离。可接触久了之后，筱筱发现，茉莉是一个爱攀比的人。

筱筱买了一支钢笔，茉莉看到后也让爸妈买了一支更贵的；筱筱有了一套新衣服，茉莉看到后也让爸妈买了一套更靓的；筱筱去了一趟迪士尼，茉莉知道后也求着爸妈带自己去了一趟。

总之，无论在什么事情上，茉莉都要和筱筱攀比。不仅如此，她还和其他同学攀比，如果比过了，她就会得意扬扬；如果没比过，她就会极其沮丧和懊恼。

筱筱看在眼里，她觉得茉莉变了，没有以前那么可爱了。而且令她不解的是，茉莉总是和自己攀比，弄得她也不知该如何是好，二人的关系也越来越紧张。

与茉莉的友情，已经压得筱筱快喘不过气了。

攀比，输掉的是我们自己的人生。

我一定要买个更好的玩具。

## 成长困惑

从小老师就教导筱筱，做人不能攀比，筱筱也记在心里，她一直以来也是这么做的，但是自己的朋友茉莉如今却成了一个什么都要攀比的人。面对茉莉的攀比，筱筱有时候很生气，不想被她压过，但想想自己这么做了，也就成了一个同样爱攀比的人。那么以后和茉莉不再来往了，可以吗？筱筱想了想，觉得若是这样的话，自己会很难过。

如果你是筱筱，你会怎么做呢？

## 你该这么做

随着我们逐渐长大，我们对周围环境与外在事物的感知会越来越强，有时候一不小心就会陷入攀比的陷阱之中。

攀比是不好的行为，就像魔鬼一样，会让人逐渐失去理智，为了能在与别人的攀比中获胜，人会做出很多非理性的行为。经常有很多人被攀比这个魔鬼降服，从而成为它的奴隶。因此，我们要小心对待攀比，切不能掉以轻心。

首先，我们自己要杜绝攀比的行为，不要拿自己的不足跟别人的优势比，多在自己身上找亮点，多跟昨天的自己比。其实你不知道的是，你身上也有别人羡慕的地方。

其次，如果我们的同学出现了攀比的行为，我们可以通过沟通坦诚跟对方交流自己的感受，大家互相退让，寻找到最舒适的交往方式。

攀比如果不及时制止，这种心理会在今后的人生中造成极为严重的影响。

## 你记住了吗

1. 做人不要攀比，攀比会让人失去理智。

2. 如果朋友爱攀比，我们除了自己劝他之外，还要寻求老师和家长的帮助。

3. 攀比的行为，要及时发现和制止。

# 你学会了吗

新学期，你的同桌买了一个新书包，得意扬扬地告诉你，这是最新款的，是限量款的，比班里人的书包都漂亮。这个时候，你的正确做法是：

A. 羡慕他，并请求他把书包借你背几天。

B. 说："我还见过比你这个更好的书包呢，我过几天就背出来给你看。"

C. 说："老师说攀比是不好的，你的书包的确很漂亮，你可以喜欢它，但不要用它来攀比。"

正确答案：C

# 与朋友共同进步

## ——良性竞争才有意义

### • 事例 •

小龙的爸爸从小就告诉他，无论是在家庭、在团体还是在社会中，竞争力都是成长过程中不可缺少的一项软实力。要不断提升自己的竞争力，从小就要有竞争的意识。只有这样，以后才能在社会上立足。

小龙对爸爸的话似懂非懂，他认为，在学校里，同学们比的就是谁的学习成绩好，谁就能获得同学们的喜爱。

慢慢地，小龙的胜负欲越来越强，什么都要和别人比个高下。他先是将同桌视为自己的竞争对手，如果他考得比同桌好，他就会沾沾自喜；如果他考得比同桌差，他就会郁郁寡欢，很长时间都开心不起来。

他甚至想到了影响同桌的学习成绩，比如，同桌有问题问他的时候，他明明知道正确答案，却故意说一个错的。一开始，同桌对此深信不疑，但经历过几次之后，同桌便觉得他总是在骗人。

小龙对此并不以为意，只是觉得这种小伎俩已经被同桌看穿了，那下次就换一个更高明的。

为自己的成就开心，不一定要建立在打败他人的基础上。

我也要努力了，下次争取超越你！

## 成长困惑

小龙认为，竞争对手都是站在自己对立面的人，因此就不可能真正帮助竞争对手超越自己。你觉得小龙的做法对吗？

## 你该这么做

人与人之间存在竞争，但更多的是合作，是相互帮助。

就算是竞争，也要在一定的道德范围之内。孔子曾说："君子无所争，必也射乎！揖让而升，下而饮。其争也君子。"这句话的意思是说，君子没有什么可以与别人争的东西，如果有的话，那就是射箭比赛了。可是就算是在比赛射箭的时候，两个对手也要相互打招呼，互相谦让。比赛结束后，又相互谦让退下来。这就是君子之争。

君子之争，手段是正当的，对竞争对手是尊重的，双方是惺惺相惜的。

小龙故意告诉同桌错误的答案，这种行为显然不符合君子的行为。

小龙应该与同桌一起互相帮助，共同进步。

竞争，实际上不是在和别人竞争，不是要比谁强，而是与昨天的自己竞争，要做到比昨天的自己强就行了。要学会对自己作纵向比较，看自己哪些方面进步了，还能取得什么进步，这也是一种竞争。

小龙无疑陷入了竞争的误区，竞争是一种激励，也是一种鞭策，而不是嫉妒和仇视。如果小龙能够放弃心中的某些想法，转而与同桌展开合作，那么他就会收获更多的友谊。不然，大家都会离他而去，因为谁也不想和一个把自己当竞争对手的人交朋友。

当然，小龙有这样的想法，多半是因为爸爸经常跟他这样说，他可以与爸爸进行一次交流，将一些想法告诉爸爸。

## 你记住了吗

1. 人与人之间存在竞争，但更多的是合作，是相互帮助。

2. 就算是要竞争，手段也是要符合道义的。

3. 其实，人的竞争对手只有自己，只要比昨天的自己强，能超越和改变自己就好。

## 你学会了吗

学校举办运动会，你参加百米赛跑项目，比赛开始了，你和隔壁班的选手几乎肩并肩地向前跑，眼看就要到终点了。这个时候，你怎么做是正确的？

A. 绊倒他，让他摔跤。

B. 大喊一声"有飞碟"，趁着对手迟疑的时候，率先跑到终点，赢得冠军。

C. 什么也不做，专注比赛，最终无论输赢，都能接受。

正确答案：C

# 朋友犯错怎么办

## ——帮他改正，相互勉励

### · 事例 ·

青书与小龙平时都喜欢踢足球，一次放学之后，他们在学校的操场里练习防守技巧。二人你来我往，玩得不亦乐乎。玩着玩着，二人就不再局限于防守的练习，而是互相追逐起来。

青书带着球在前面奔跑，一边跑一边向小龙喊道："来呀，你抢不到我的球。"

小龙很不服气，跟在青书后面，穷追不舍。

眼看小龙马上就要追上自己，青书有些慌了，看他的气势，怕是一定要从自己的脚下把球抢走。于是，青书朝着前方，用力一脚：砰！将球踢飞了。

球在空中旋转，正好击中体育室的窗户。只听"嘭"的一声，窗户玻璃碎了。

由于当时已经放学，所以学校里没有什么人。

青书顿时不知所措，赶紧跑到了小龙身边，苦苦哀求："哎呀，这下闯祸了，你不要告诉别人好不好。"

小龙也吓了一跳，看着青书的可怜样儿，他也觉得这件事还是不让别人知道为好。

做错了事情，不要以为瞒着就会万事大吉。

你不要告诉别人。

## 成长困惑

回去的路上，小龙一直在想，平时老师和家长告诉自己做人要有担当，做错事了要勇于承认，并承担后果。可现在这件事是青书做的，错的是青书，而不是自己。如果将这件事报告给老师，恐怕青书从此就会恨自己，不再和自己一起踢球了。

如果你是小龙，你会怎么做呢？

# 你该这么做

俗话说"人无完人"，每个人都会犯错，都会做错事。

如果这件事发生在自己身上，那么主动承担后果是必须的，也是应该的。但若是朋友做错了事，一般人都会选择包庇朋友，他们不想因为这件事而让朋友受到责骂，也不想因此伤害彼此之间的感情。

青书和小龙放学后一起踢球，青书将球踢到体育室的窗户上，导致玻璃破碎。青书也并非是有意这么做的，可以说是无心之失。

小龙想保护朋友的想法是可以理解的，但是一码归一码，如果对朋友的过错进行隐瞒，无论是否是有心的，其实都是在害朋友。朋友会因此而尝到甜头，会在内心产生"如果做错事不被别人发现，就没有什么问题"的想法。长此以往，这个朋友在今后可能会犯下更大的错。

因此，小龙应该去找青书谈一谈，让他自己去找老师说明情况。相信老师在得知事情的原委后，不会为难青书，因为青书不是有意犯错的。

小龙这么做也是在帮助朋友成长。

我们都想让朋友变得更加出色，不是吗？

# 你记住了吗

1. 每个人都会犯错。

2. 如果自己犯错了，就要勇于承担后果。

3. 如果朋友犯错了，应该和他一起勇敢面对，而不是逃避和包庇。因为如果隐瞒朋友的过错，朋友可能就不会意识到自己的错误，以后有可能会犯下更大的错。

# 你学会了吗

放学打扫卫生的时候，教室里只有你和另外一名同学。你的同学不好好打扫，贪玩打闹，不小心将班级里的灯管砸坏了。这个时候，你该怎么做呢？

A. 当作什么事情都没有发生。

B. 让同学自己去找老师承认错误，如果可以，自己也可陪同。

C. 威胁同学，如果他不送几张奥特曼的卡片给自己，就去告诉老师。

正确答案：B

# 拥有领导力

## ——让自己更“出类拔萃”

**事例**

小音所在的班级准备组织一场社区的公益活动。小音作为班长，让同学们集思广益，共同选出一个可行的方案。有人提议去看望小区里的老人，有人提议去小区捡垃圾，有人提议在小区公园里组织一场亲子活动。小音通过投票的方式，征集了大家的意见，最终，他们决定去看望小区里的老人。

可是，想法是好的，实施起来却很困难。大家都不知道社区里的老人住在哪家哪户。就算知道了这些，班级里40几名同学，又该如何分配呢？这些都是需要解决的问题。小音于是向老师求助，在老师的帮助下，小音和同学们找到了居委会，说明活动情况并征得了居委会的同意。

小音把同学们分成了两组，看望了小区内近30户的老人。这些老人看到同学们的到来，非常开心，将家里的水果拿出来给同学们吃。同学们也都很高兴，给老人带去了温暖。居委会也通过颁发小礼品的方式奖励了同学们。

事情结束后，老师找到了小音，说她的领导能力提升了。

领导力是在不断成长中锻炼出来的。

谁扫一下走廊？

领导力+1

我来！

## 成长困惑

小音觉得自己只是做了一些事情，怎么就提升了自己的领导力呢？那么你知道吗？

## 你该这么做

领导力是一种优秀的管理能力，它需要多种能力相辅相成。

小音作为班长，通过投票的方式决定了最终的活动方案，后来在遇到困难的时候，积极寻求老师和同学的帮助，最终带领同学们顺利完成了任务。这充分体现了小音优秀的领导力。

首先，领导力是一种综合素质，它需要我们展开与他人的合作，对活动方案进行决策，而后分派任务给团队中的不同人，带领他们出色地完成任务。

有些人的领导力是天生的，但这属于少数，更多人需要后天培养、锻炼。小音作为班长，本身就具有天然的优势，而且她一次次地完成老师布置的任务，也在一次次的实践中得到了锻炼，得到了成长。

因此，积极竞选班干部可以帮助我们锻炼自己的领导力。

如果我们不是班干部呢？

那就积极配合班干部的工作，并在恰当的时候出主意。平时也可以组织同学们一起玩耍、做游戏，这也可以锻炼我们的领导力。

## 你记住了吗

1. 领导力是在不断积极做事的过程中锻炼出来的。

2. 领导力需要一个好的人际关系，否则就没有人心甘情愿地听他的指挥。

3. 竞选班干部可以锻炼我们的领导力。

## 你学会了吗

班级里组织春游，到了目的地后，大家按照各自的小组分开行动。行动到一半的时候，你看到有的同学和小组其他同学走散了。这个时候，你该怎么做？

A. 祝他们早日找到自己的小组其他人。

B. 让他们待在原地别动，小组其他同学会找到他们的。

C. 让他们先暂时加入自己的小组，一起行动。

正确答案：B

# 懂得谦让和信任

## ——团队合作不是"独角戏"

**· 事例 ·**

洛洛的班级准备举办一次班级新年演出，前后同桌，合计四个人一组，准备节目，可以是合唱，可以是小品，也可以是舞蹈。

洛洛擅长唱歌，所以她提议唱歌，但是其他三位同学有不同的想法，因为他们不会唱歌，所以大家最终决定演小品。

洛洛坚持要唱歌，因为她觉得这样就能让自己成为领唱，处于团队的中心。当然，她也可以选择演小品，但前提条件是一定要让她当主角。

其他三位同学都很诧异，小品中哪有什么主角呀，都是各自扮演各自的角色。洛洛便要求让自己演最重要的那个角色。

其他三位同学相互看了看，只好将其中台词最多的一个角色给了洛洛。

放学后，大家一起练习，想先彩排一下。洛洛不同意，因为她想早点回家。再说了，她觉得自己一个人在家练习就好了，没必要和大家一起练，到时候上台之后，各自演好自己的角色就好。

与朋友相处，懂得谦让很重要。

**成长困惑**

洛洛总想成为团队中的主角，而且她认为就算是组成了团队，也是以自己为主，大家各自练习到时候拼凑在一起就行。你觉得洛洛的这种想法对吗？

## 你该这么做

　　一个懂得合作、善于合作的人，才是一个掌握了交际密码的人。洛洛应该多关注别人，不要总想着自己，抽时间与其他三位同学排演小品，比单独一个人背台词要重要多了。

## 你记住了吗

　　1. 合作是几个单独的个体形成一个共同体。

　　2. 自私的人，总想着自己，就难以和别人达成合作关系。

　　3. 合作中重要的是过程，而非结果。

## 你学会了吗

　　你和几个朋友一起玩电子游戏，几个人组成一个团队，过关斩将，击杀怪物。这个时候，你该怎么做呢？

　　A. 一起合作完成目标，击败怪物，在必要的时候帮助同伴。

　　B. 自己一个人冲锋在前，不管同伴死活。

　　C. 总是躲在同伴身后，什么也不做，让他们带着你打。

正确答案：A